Anfangszauber

Was gibt es Schöneres, als etwas Neues zu beginnen? Noch ist alles offen, alles möglich. Und das setzt viele wunderbare, aber auch widersprüchliche Gefühle frei.

Vorfreude und Aufregung sind dabei. Vorfreude auf mich selbst und auf das, was in mir steckt. Vorfreude auf die Erlebnisse und Überraschungen, die mir begegnen werden. Hoffnungen und Wünsche. Leise Zweifel, ob sie sich erfüllen. Leichte Wehmut, weil alles möglich ist und ich doch weiß, dass niemals alles möglich ist.

Unbeschriebene Blätter

So ist es auch mit einem weißen Blatt Papier. Ein unbeschriebenes Blatt birgt viele Geheimnisse. Eine Idee mag schon da sein, aber welche Gestalt nimmt sie an?

Wenn am Ende alles fertig vor mir liegt, dann sind nur noch begrenzte Änderungen möglich. Tippfehler, falls rechtzeitig entdeckt, können korrigiert werden. Aber die Weichen noch einmal grundsätzlich anders stellen? Zu spät.

Ein fertiges Bild kann übermalt werden. Dann verschwindet alles, was vorher da war. Auch das hat was, sicher. Doch nichts ist so prickelnd und zauberhaft wie der erste Pinselstrich. Wer selbst malt, wird es wissen.

Ein leeres Blatt Papier ist also ein Zauberpapier. Es übt eine große Faszination auf Kinder aus. Je größer das Papier, umso größer der Zauber, scheint es. Obwohl auch winzige Blättchen sehr beliebt sein können. Das Wichtigste ist: Ich kann diesem noch leeren Blatt einen Inhalt geben, kann etwas schaffen und kreieren, das vorher noch nicht da war. Und ich allein bestimme, was es ist.

Na gut, mitunter ist es nur begrenzt erquicklich, vor einem leeren Blatt zu sitzen. Zum Beispiel wenn man unter Druck steht, etwas besonders Originelles produzieren zu wollen. Oder wenn man unbedingt die richtigen Antworten geben muss. Anfangszauber will sich dann eher nicht entfalten.

Wieso bezeichnen wir eigentlich manche Menschen als »unbeschriebene Blätter«? Haben sie noch keine Kontur? Wenig Erfahrung? Sind sie naiv und allen Einflüssen ausgeliefert? Können sie noch geformt werden?

Sind Anfänger mit einem Zauber ausgestattet? Und umgekehrt: Sind Zauberer irgendwann auch Anfänger? Natürlich. Sie werden wohl reichlich üben, bis es ihnen gelingt, Zuschauer in ihren Bann zu ziehen und zu verzaubern. Kindliche Zauberanfänger sind allerdings meist besonders zauberhaft.

Anfängerglück und Endzeitzauber

Wieso sprechen wir manchmal – halb gnädig, halb neidisch – vom Anfängerglück? Weil das Glück eigentlich dem Tüchtigen gebührt – und das ist schließlich der Erfahrene?

»Anfänger«, das ist auch ein Schimpfwort, gern im Straßenverkehr benutzt. Dabei haben wir doch alle mal klein angefangen. Wieso sind wir dann manchmal so ungnädig mit Anfängern? Irgendwie scheinen wir zu erwarten, dass wir ins Auto steigen und alles können: Kuppeln und schalten, gucken, lenken und einparken.

Wie ist das bei den Schulanfängern? Der Zauber steckt handfest in der Zuckertüte, in Lackschuhen und weißem Kragen, im Festakt mit dem Auftritt der Zweitklässler, in der Aufregung und Feierlichkeit, weil die ganze Familie dabei ist. Leider verfliegt dieser Anfangs- und Anfängerzauber allzu oft gleich nach dem Anfang.

Erinnern Sie sich noch an den Anfang der Sommerferien? Als ich zur Schule ging, fühlte sich das an wie der Einzug ins Paradies. Sechs Wochen! Endlos. Ich konnte die Schule einfach vergessen. Freiheitsgefühl, ausschlafen, kein Druck...

Ungefähr fünf Wochen lang gelang es mir damals, dieses Gefühl zu konservieren. Aber plötzlich und überfallartig war der Anfang eines neuen Schuljahres da. Ohne jeden Anfangszauber.

Später, als ich erwachsen war, hatte ich in den Ferien leider immer ein inneres Zählwerk dabei: Noch drei Wochen, noch zwei, noch vier Tage, noch einer... Je kürzer die verbleibende Zeit, umso kostbarer. Wie im Leben überhaupt. Darin steckt auch eine Art Zauber. Endzeitzauber?

Vielleicht ist das einer der wesentlichen Unterschiede zwischen Kindern und Erwachsenen:

Kinder leben so sehr in ihrer Zeit, sie sind so bei sich und im Jetzt, dass sie den Zauber des Anfangs hemmungslos auskosten können. Immer wieder. Anfang scheint für Kinder ein Dauerzustand zu sein.

Erwachsenen fällt es schwer, sich ganz dem Gegenwärtigen hinzugeben, sich zu vertiefen.

Wenn uns das gelingt, dann erholen wir uns vom Alltag, der keinen Anfang und kein Ende zu haben scheint. Und auch wenig Zaubererisches.

Aber ich wollte ja über den Anfangszauber sinnieren. Dazu fällt nicht nur mir sofort Hermann Hesses Gedicht »Stufen« ein: »Und allem Anfang wohnt ein Zauber inne, der uns beschützt und der uns hilft, zu leben.«

Dieser Zauber ist immer ganz nah, wenn ein neues Leben beginnt. Wir stehen staunend und ehrfürchtig davor, jedes Mal von neuem. Wir sprechen nicht von Zauber, sondern von einem Wunder. Und wir legen Liebe und Hoffnung in unsere Wünsche zum Start ins Leben.

Anfangswunder

Das Wunder und der Zauber des Anfangs sind zu bestaunen, wenn man das erste Jahr eines Neugeborenen begleitet. Von 0 auf 100! Vom völligen Ausgeliefertsein zum Selber-Laufen und Welt-Erobern. Das kann doch nur Staunen und Bewunderung auslösen, wenn wir es schaffen, zu sehen, was passiert, statt zu überprüfen, ob das »Richtige« passiert.

Ich habe es gerade bei Lucia Victoria verfolgen können: Wie sie von Anfang an in Kontakt zu den Menschen ihrer Umwelt getreten ist, mit welcher Entschlossenheit und mit welchen Mitteln sie ihre Interessen verfolgt, wie intensiv sie sich auf das einlässt, was ihre Neugier weckt, mit welcher Hartnäckigkeit sie an ihren jeweiligen Vorhaben bleibt, wie sie es in allen Stadien genießt, dass ihre Unabhängigkeit größer wird. Schritt für Schritt und entschlossen. Diesem Zauber kann man sich doch kaum entziehen, oder?

»Bildung beginnt mit der Geburt« heißt Gerd Schäfers Buch zur Bedeutung der frühen Jahre.

»Auf den Anfang kommt es an«, sagen alle unisono, die sich mit Hirnforschung und Frühpädagogik befassen. Schön wäre es, wenn auch in der praktischen pädagogischen Arbeit der Schluss gezogen würde, die Prozesse der Kinder, ihre Impulse, ihre Neugier und Lust am Ausprobieren, ihr Staunen, Nachdenken und Verstehen, ihr Können und Wachsen als das wahrzunehmen, was sie sind: Bildung. Dann könnte es ganz leicht werden, dem Anfangszauber bei den Kindern ein Umfeld zu schaffen, das diesen Zauber zum Strahlen bringt.

Der Zauber der Liebe

Das kennen wir doch alle: Nie ist Liebe so schön wie am Anfang. Kribbelnd, aufregend, verwirrend. Die wenigsten Menschen schaffen es wohl, diesen Anfangszauber hinüberzuretten in eine dauerhafte Liebe.

Wie soll das auch gehen – bei der Liebe und in allen anderen Lebensfeldern? Wenn der Zauber im Anfang liegt, dann kann er kein Dauerzauber sein. Vielleicht ist Zauber immer etwas Momentanes, so ähnlich wie Glück.

Wenn es so sein sollte, dann gibt es nur eins: Immer wieder anfangen – egal, womit.

Nein, nicht egal. Am besten fangen wir mit dem an, was uns wichtig ist, gut tut und uns glücklich macht. Alsdann: Auf zu neuen Ufern, den alten Goethe im Gepäck: »Unsere Wünsche sind die Vorboten der Fähigkeiten, die in uns liegen, Vorboten desjenigen, was wir zu leisten imstande sein werden.«

Inhalt

Begleitbrief	4
Anfangszauber	5
Abenteuer	7
Begeisterung	10
Einklang	12
Freiheit	14
Freudestaunen	17
Freuräume	19
Gelassenheit	21
Glück	23
Imagination	25
Improvisation	26
Lebenskunst	27
Leichtigkeit	29
Liebe	31
Resonanz	33
Zeit	36

Begleitbrief

Liebe Leserin, lieber Leser,

als 2004 die Idee zur Rubrik »Begriffe versenken« geboren wurde, war dies die Folge einer fruchtbaren Verbindung von Ernsthaftigkeit und Übermut. Zum Zorn über die Resistenz pädagogischer Gewohnheiten in Kita und Schule, bei Eltern und in der Öffentlichkeit gesellte sich die Lust, mit Sprache zu spielen, so manchem Ärgernis mit spitzer Zunge und – dank Tasche – mit noch spitzerer Feder zu begegnen.

Diente das »Versenken durch Aufschreiben« zunächst vor allem geistiger Entlüftung, verband sich damit bald ein anderer Prozess: der bewusste Umgang mit Sprache. Was reden wir, wenn der Tag lang ist? Welche Begriffe benutzen wir? Welche Botschaften transportieren wir damit?

Sprache ist Ausdruck von Bewusstsein. So viel ist klar. Aber Sprache schafft oder verfestigt auch Bewusstsein. Das ist uns meist weniger klar. Und nur selten fragen wir uns: Passt das, was wir sagen, eigentlich zu dem, was wir ausdrücken oder erreichen wollen? Konkret: Passen die pädagogischen Begriffe (noch) zu dem, was wir wissen und wofür wir eintreten?

Dies ist eine ernsthafte Frage. Man kann sich ihr aber auch vergnügt nähern. Jedenfalls hat das in einigen Fällen geklappt. Ich kenne Teams, die sich bei der Reflexion ihrer Arbeit an den »versenkten Begriffen« entlang hangelten. Zwar ernsthaft, aber trotzdem frei nach dem Motto von Martin Buchholz: »Wenn hier nicht gelacht, dann da nicht gedacht.«

Die Idee kam also an, wie Ihre Rückmeldungen, liebe Leserin und lieber Leser, bewiesen. Sicherlich trugen Tasches wunderbare Zeichnungen dazu bei. Einige Beiträge wurden sogar in Vorträgen zitiert. Weitere Vorschläge zu Gruselbegriffen landeten auf meinem Schreibtisch und wurden aufgegriffen.

2005 erschienen die bis dato veröffentlichten Texte als Extra-Heft, 2007 kam die komplette Sammlung als Buch auf den Markt. Manche Begriffe sind inzwischen so tief gesunken, dass sie den pädagogischen Profis nicht mehr über die Lippen kommen: »Elternteile«, die in »Räumlichkeiten« über den Sinn von »Beschäftigung« und »Freispiel« im Hinblick auf die »Schulfähigkeit« der »Lernanfänger« »belehrt« werden? Unmöglich.

Doch was sagen wir stattdessen? Da war sie, die neue Idee: »Begriffe verschenken«. Sie passt ausgezeichnet zur sich wendenden Blickrichtung. Die Defizitbrille versenken und auf die Suche nach Schatzwörtern gehen statt auf die Jagd nach überholten Begriffen.

Welche Sprache, welche Wörter drücken das veränderte Verständnis vom Leben und Erleben mit Kindern aus? Was passt zu Lebensfreude und zum mutigen Blick in die Zukunft? Lesen Sie nach...

Gerlinde Lill
Berlin, Dezember 2009

Abenteuer

Abenteuer. Abenteuerlich. Abenteurer. Mmm, wie das riecht! Nach Spannung, Aufregung, Aufbruch, nach Glücksrittern, Piraten und Räubern, nach Zorro, Robin Hood oder den drei Musketieren, nach Mut und wachen Sinnen, nach dem immerwährenden Kampf zwischen Gut und Böse, nach Reitern auf wilden Pferden, nach Landschaften – endlos weit, wild zerklüftet, einsam.

Abenteurer sind unerschrocken, wagemutig, können sich selbst helfen und retten die Schwachen. Sie brauchen gute Messer, Pfeil und Bogen oder Gewehre, müssen Fährten lesen, sich an den Sternen orientieren und wissen, wie man in unwirtlicher Natur überlebt. Abenteurer sind wilde Kerle, die vor nichts und niemandem zurückschrecken.

Weil du ein Mädchen bist...

Nanu? Was sind das für altbackene Rollenklischees, die da in meinem Kopf sitzen. Wie kommt das? Wieso fallen mir lauter herb-männliche Gestalten und Attribute ein? Habe ich kein Abenteurerinnenmodell entwickelt?

Tja. So ist es wohl. Beim Begriff »Abenteuer« tauche ich sofort in meine Kinderwelt, und die Gestalten aus Büchern oder Filmen fallen mir ein. So, wie wir sie nachgespielt und erlebt haben. Ich kann mich an den Stolz und die Aufregung erinnern, die uns erfassten, wenn wir in verwegene Rollen schlüpften und auf wackligen Planken, mit löchrigen Segeln zu unbekannten Küsten aufbrachen und nach nie gesehenen Schätzen suchten. Auch das Herzklopfen beim Versteckspiel in dunklen Kellern spüre ich noch heute.

Was ebenfalls sofort wieder hochkommt, das ist mein Hadern damit, ein Mädchen zu sein. Denn das erwies sich oft als hinderlich. Wenn es am meisten Spaß machte, weil es so schön aufregend und prickelnd war, stieß ich an Grenzen. Nicht etwa, weil es gefährlich wurde, sondern schlicht, »weil du ein Mädchen bist«. Punkt.

Wenn die Bande unserer Straße gegen die Bande der Mathildenstraße antrat, durften Magdalena, Roswitha und ich meist nur Krankenschwestern spielen und nicht kämpfen. Die Jungen wollten es so. Dabei saßen wir auf den gleichen Bäumen und versteckten uns in den gleichen Höhlen. Aber wenn es richtig spannend wurde, zwängten sie uns ins Rollenkorsett. Nur wenn zu wenige Jungen da waren, wurden wir rekrutiert. Wie im richtigen Leben...

Zum Glück gab es in meiner Familie sonst keine Mädchen, daher waren unter den abgelegten Klamotten, die ich auftragen musste, keine Röcke. Einmal erbte ich sogar eine Lederhose. Doch wenn ich zum Fasching als Pirat, Indianer oder Cowboy gehen wollte, war das ein Abenteuer, an dem sich Kampfgeist und Standhaftigkeit erproben ließen. Mutter und Großmutter rangen die Hände und beschworen mich: »Du bist doch ein Mädchen!!!«

Ich fand das schon damals kein Argument, aber sie machten sich ernsthaft Sorgen um meine Entwicklung. Sie schenkten mir Mädchenbücher – ohne großen Erfolg. Ich las sämtliche Karl-May-Bände meines Bruders und war jahrelang Winnetou. Meine Freundin Lore war Winnetous Vater. Bis an die Zähne bewaffnet, rauchten wir nur hin und wieder mit unseren Feinden die Friedenspfeife. Und das, obwohl wir auf einem konservativen Mädchengymnasium bearbeitet wurden, an dem noch nicht einmal Hosen erlaubt waren...

Rollen und Klischees

Vielleicht haben Sie ganz andere Erfahrungen gemacht? Vielleicht aber auch ähnliche?

Haben Sie als Kind und im Jugendalter auch so gern Abenteuerromane gelesen? Kamen darin Heldinnen vor? In meinen Büchern nicht. Die wenigen Frauengestalten fand ich langweilig, viel zu passiv, meist hochgradig dämlich, und ich hätte sie in den Bredouillen, aus denen sie immer gerettet werden mussten, glatt stecken lassen. Mit ihnen wollte ich mich nicht identifizieren, nicht mal aus Spaß und im Spiel.

Ich habe mich also in Männerrollen träumen müssen, wenn ich mich auf abenteuerliche Fantasiereisen begeben wollte. Möglich war einzig die Wahl zwischen Edlen und Schurken, nicht die zwischen Frauen und Männern.

Auch der Spruch aus dem Poesiealbum ging mir schon damals auf die Nerven: »Sei wie das Veilchen im Moose, bescheiden, sittsam und rein. Und nicht wie die stolze Rose, die immer bewundert will sein.« Lore und ich dichteten das trotzig um: »Sei wie die stolze Rose – und nicht wie das blöde Veilchen...«

Nun, das waren die 1950er Jahre in Westdeutschland, als es hieß: »Vorwärts, es geht zurück!« Das ist ein halbes Jahrhundert her, und inzwischen hat sich so manches geändert. Zum Glück. Alle kleinen Mädchen lesen heute »Pippi Langstrumpf« oder »Die wilden Hühner« und können sich in ihre Stärken hineinträumen. Der Spruch »Gute Mädchen kommen in den Himmel, böse Mädchen kommen überall hin« ermuntert auch große Mädchen.

Es gibt sogar Piratinnen im Film! Und manches Kinderbuch bürstet die alten Rollenklischees kräftig gegen den Strich. In offiziellen Verlautbarungen und pädagogischen Konzepten wird der Anspruch formuliert, das ganze Spektrum an Möglichkeiten für alle Menschen, unabhängig von ihrem Geschlecht – oder anderem – zu eröffnen. Gut so!

Aufsichtspflicht versus Abenteuer

Lassen wir mal die Frage dahingestellt, ob es tatsächlich gelungen ist, Gleichstellung und gleiche Chancen zu realisieren. Bleiben wir beim Lieblingskinderthema »Abenteuer«.

Schauen wir uns den von Erwachsenen bevorzugten und gestalteten Ort heutigen Kinderlebens an: Wie steht's in der frauendominierten Einrichtung Kita? Welche Spielräume und Anregungen für Abenteuer gibt es da? Wo, wann und wie können Kinder »in echt« oder im Spiel aufregende Erlebnisse haben, wagemutig sein, in verwegene Rollen schlüpfen, raufen, kämpfen, Kräfte messen? Wird das zugelassen oder gar begünstigt?

Ist es nicht eher so, dass heute weder Mädchen noch Jungen diese Chancen erhalten? Wo immer Erwachsene da sind und das Sagen haben, zumal Frauen in einem typischen Frauenberuf, scheint kein Platz für Wildes und Abenteuerliches zu sein.

Wir konnten früher wenigstens den Blicken und dem Einflussbereich der Erwachsenen entfliehen und ungestört unsere Abenteuer suchen – welche auch immer. Heute werden die Kinder von einer Institution in die nächste geschoben und bewacht, bespielt, beobachtet.

Das oberste Ziel der Erwachsenen scheint zu sein, alles zu vermeiden, was nach Abenteuer riecht. Ja, ja, die »Aufsichtspflicht«...

Wo gibt es Höhlen oder Tunnel, in die nur Kinder passen? Wo Baumhäuser, in die Erwachsene nicht klettern können? Wie oft wird zugelassen, dass ein Raum schwarz gestrichen wird? Wer erzählt mit Kindern im Dustern Gruselgeschichten? Wer liest Abenteuergeschichten vor, ohne sie pädagogisch-moralisch zu kommentieren? Wie viele Verkleidungsecken bieten das Zubehör für verwegene, »böse« oder Heldenrollen? Wer rennt mit Kindern im Wald herum und spielt Räuber und Gendarm? Wie oft kann richtig gerauft werden? Wo wird zugelassen, dass Rollen aus Fernsehsendungen oder Filmen ausladend und lautstark nachgespielt werden? Wie oft werden Heldengeschichten aufgegriffen und vertieft?

Als wir vor fast zehn Jahren dabei waren, das »Qualitätslexikon« zu schreiben, und Begriffe sammelten, die in unserem Verständnis Qualität bezeichnen, stand nicht zufällig »A wie Abenteuer« an erster Stelle und gab dem Buch später seinen Namen[1]. Nach meiner Wahrnehmung wurden die Spielräume für Abenteuer seitdem jedoch nicht ausgedehnt, sondern noch mehr beschränkt.

Abenteuerliche Fragen

Lassen wir uns auf das Abenteuer des Nachdenkens ein: Welchen Stellenwert haben »Abenteuer« in unserem Leben – von den Liebesabenteuern mal abgesehen – und welchen im Leben von Kindern? Wie viel Aufregung muten wir uns und unseren Kindern zu?

Wie viel Raum geben wir der Fantasie, wenn sie nicht in unser Bild vom Kind und von Bildung passt? Welche Bedeutung haben Schauergeschichten? Wieso sind Märchen für Kinder so wichtig? Obwohl (oder weil) sie das Böse und Gefährliche nicht ausklammern?

Bücher und Geschichten sind zu jeder Zeit Quellen unterschiedlichster Rollenmuster, geheime Fluchtorte aus der Wirklichkeit, die Träume wachsen und Welten entstehen lassen. Gerade wenn sie ohne äußere Bilder auskommen, regen sie sehr eigenwillige innere Bilder an. Doch auch die abenteuerlichen Gestalten in den neuen Medien verführen Kinder zum Eintauchen und Verwandeln. Wir können das oft genug beobachten.

Wäre das nicht ein Thema, über das es sich zu philosophieren lohnte – miteinander und mit Kindern? Was ist das überhaupt: ein Abenteuer? Wer erlebt was als Abenteuer? Wer wünscht sich welche Abenteuer? Wer träumt sich in welche Abenteuerrollen? Woher kommen sie? Welche Rolle spielen welche Medien dabei?

Gibt es Unterschiede in den Träumen und Erlebnissen von Mädchen und Jungen? Gibt es so etwas wie Abenteuer des Alltags? Der Großstadt? Warum lassen sich Manager auf survival trainings ein und zahlen dafür einen Haufen Geld?

Wie können wir abenteuerliches Prickeln zurückgewinnen – falls wir es als vermisst melden? Wie schaffen wir es, zumindest den Kindern so etwas zu gönnen – wenn wir es schon selbst nicht mehr brauchen? Abenteuerliche Fragen...

Wir könnten uns gemeinsam mit den Kindern auf die Suche machen: Welche Abenteuerbücher gibt es bei uns? Was fehlt?

Wir könnten die Abenteuergeschichten, die Kinder in ihren Köpfen haben, sammeln, aufschreiben und eigene Abenteuerbücher gestalten. Wir könnten einen Abenteuerelternabend veranstalten, die Eltern nach ihren Erinnerungen fragen und darüber vielleicht in eine Diskussion geraten, die das Thema »Aufsichtspflicht« bereichert.

netz-tipps

www.erlebnispaedagogik.de
Pädagogisch Abenteuer zwischen Anspruch und Aufsichtspflicht zu gestalten, das fällt in den Bereich der Erlebnispädagogik. Diese Seite bietet umfangreiche Informationen zu Terminen, Literatur, Weiterbildung und Links.

www.erlebnistage.de
Aus eigener Erfahrung empfiehlt Internet-Fahnder Michael Kobbeloer die Seite »Erlebnistage«, die auch Angebote für Grundschulklassen bereithält. Abenteuer in der Natur inklusive.

www.adventureproject.de
Ein Blick auf diese Seite amüsiert. Was sich nicht so alles Abenteuer nennt...

1 Lill, G. (Hrsg.): Von Abenteuer bis Zukunftsvisionen. Qualitätslexikon für Kindergartenprofis. Luchterhand, 1997

Begeisterung

Bildung hat mit Geist zu tun – wer wollte das bezweifeln? Geistreich, geistvoll, vergeistigt... Wieso nicht auch mit Begeisterung?

Natürlich: Bildung und Begeisterung gehören zusammen; wir vergessen es nur zuweilen.

Bildung ohne Begeisterung ist dröge und blutleer wie ein Buch ohne Leser.

Begeisterung wecken

Wenn Sie zurückblicken und sich erinnern: Fallen Ihnen Menschen ein, die Sie begeistert und mitgerissen haben? Hatten Sie das Glück, auf begeisterungsfähige Pädagogen zu treffen? Solche, die ihr Fachgebiet mit so viel Leidenschaft betrieben, dass es lebendig wurde? Die Sie teilhaben ließen an der Faszination, die immer dann entsteht, wenn man sich auf eine Sache einlässt und sich in sie vertieft? Die nicht nur in ihr Fach abtauchten, sondern auch mit Begeisterung auf Sie als Schülerin oder Lehrling reagierten? Die sich freuten über Ihre Neugier, Ihre Erklärungsversuche, Ihre eigenen Wege zum Ziel? Die sich erinnern konnten, wie sie selbst gelernt hatten?

Ich hatte dieses Glück nur selten. Doch wenn es sich einstellte, dann sprang die Begeisterung über.

Unser Chorleiter war begeisterter Musiker und steckte jede Menge Zeit und Energie in unsere Sangeskunst und Freude am Ausdruck. Er sorgte dafür, dass wir immer besser wurden und Erfolge einheimsen konnten.

Meine Kunstlehrerin war Künstlerin mit Leib und Seele, begeistert bei der Sache und genauso begeistert auf der Suche nach verborgenen Schätzen ihrer Schülerinnen und Schüler. Sie zeigte uns das ganze Spektrum der Möglichkeiten und förderte meine Lust am Zeichnen. Insofern war sie für meine erste Berufswahl verantwortlich.

Zwei von vielen Pädagogen, die Begeisterung verkörperten und die ich nicht vergessen habe. Alle anderen liegen im Dunkeln. Und auch das Meiste von dem, was sie mir zu vermitteln versuchten.

Begeisterung wecken – in diesem Sprach-Bild steckt die Erfahrung, dass Begeisterung schon da ist. Sie schläft nur. Wie Dornröschen. Wenn der richtige Prinz vorbeikommt, kann sie wach geküsst werden. Das muss auch nicht immer 100 Jahre dauern. Und der Prinz muss nicht unbedingt Simon Rattle heißen...

Simon Rattles Projekte

Gerade sah ich eine Dokumentation über Sir Simon Rattles zweites Tanzprojekt mit Kindern und Jugendlichen – »Carmina Burana«. Zum Heulen schön. Und so überzeugend, dass man sich fragt, warum Bildung nicht per Gesetz mit Musik, Tanz und Theater verknüpft wird. Oder mit anderen kreativen Ausdrucksformen.

In Rattles Projekten entstehen Achtung und Dialog, Disziplin und Leistung, Geduld und Zuverlässigkeit aus Begeisterung für die gemeinsame Sache. Es ist zu sehen und zu spüren, wie viel Ernsthaftigkeit im Spielerischen liegt und dass Anstrengung mit Lust verbunden sein kann. Leuchtende Augen in allen Gesichtern. Die Begeisterung trägt Alte und Junge, Profis und Laien. Jugendliche, von denen das wahrscheinlich niemand erwartet hatte, stürzen sich kopfüber in ein Abenteuer, das ihnen neue Welten eröffnet und ihr Leben vielleicht in andere Bahnen lenkt. Ältere Menschen gehen bis an ihre körperlichen Grenzen, leben auf und sind glücklich. Dabei passiert mehr als die Entfaltung und Erweiterung von Kompetenzen. Es wird ein Geist der Solidarität und Verständigung gelebt, erlebt, übertragen: Be-Geist-erung.

Die Initiatoren und Begeisterer sprühen ebenfalls vor Freude. Auch sie verausgaben sich total, aber offensichtlich mit Vergnügen. Beneidenswert. So viel Kraft und Motivation freizusetzen – was gibt es Schöneres! Und wieder bewahrheitet sich der Satz: Nur wer selbst brennt, kann andere entzünden. Nur dann springt der Funke über, sprühen die Funken, funkt und funkelt es.

Ein funkelnder Rahmen, in dem Begeisterung sich tausendfach spiegelt und sich dabei vermehrt. In dem ein Klima der Begeisterung entsteht, dem sich nie-

Donna Quichote im pädagogischen Windpark...

mand entziehen kann, und in dem Haltungen wachsen, die sonst nur eingeklagt werden.

Verborgene Begeisterung

Vielleicht wäre das eine neue Berufsbezeichnung für (auf neue Weise professionelle) Pädagogen: Begeisterer. In der weiblichen Form allerdings etwas sperrig: Begeisterinnen. Aber allemal inspirierender als Erzieherinnen und Lehrerinnen oder?

Doch Begeisterung braucht nicht immer die erwachsenen Begeisterer. Sie blüht auch außerhalb unseres Blickfeldes und jenseits pädagogischer Initiativen – im Verborgenen sozusagen. Wie Kinder und Jugendliche einander mit ihrer Spielfreude anstecken, das gerät viel zu selten ins Visier von Bildungsspezialisten. Wie sie sich gegenseitig anspornen, in der Entfaltung kreativer Ideen wetteifern, sich inspirieren und aneinander entzünden – das ist noch viel zu wenig Gegenstand erwachsener Aufmerksamkeit und Bewunderung.

Nicht immer sind es die Stärksten und Lautesten, die andere in ihren Bann ziehen. Es würde sich lohnen, genauer hinzuschauen, was manche Kinder so faszinierend für andere macht, was in der Interaktion der Kinder passiert, wie sich Begeisterung fortpflanzt, ausdehnt und alle erfasst. Wie entfalten sich diese fantasievollen Gebilde, die begeisterte und begeisternde Kinder schaffen? Das herauszufinden wäre doch mal eine begeisternde Beobachtungs- und Reflexionsaufgabe: gezielt und systematisch auf der Suche nach der Begeisterung.

Nachsätze

Noch eine sprachliche Querverbindung: Die alten Römer hatten für das Wort »Begeisterung« den Begriff »spiritum inflammare«, der so viel bedeutet wie »den Geist entflammen«. Mehr ist eigentlich nicht zu sagen...

Professor Krey aus der Feuerzangenbowle war gestern: »Met der Schoole est es wä met der Mädäzen – se moss bätter schmecken, sonst notzt se nechts.« Heute wissen wir: Bildung muss lustvoll, aktiv, sinnlich und sozial sein – sonst notzt se nechts!

Aus dem Radio aufgeschnappter Nach-Satz: »Überzeugungen sind Krankheiten, die durch Begeisterung übertragen werden.« Was wiederum zu A wie Ansteckung passt, nachzulesen in Betrifft KINDER, Heft 5-6/2007.

Stimmt wohl. Klappt leider nicht immer. Sonst hätten Hartmut von Hentig und andere es längst geschafft, einen Flächenbrand auszulösen und unsere Bildungslandschaft zu revolutionieren.

Doch es ist ja noch nicht aller Tage Abend. Inzwischen haben sich viele begeisterte Reformer und Reformerinnen der Bildungslandschaft im »Archiv der Zukunft«[2] zusammengeschlossen. Wenn das nicht begeisternd ist!

2 Siehe: www.archivderzukunft.de

Einklang

Auf den Gedanken, dass dies ein Wort zum Verschenken ist, kam ich, als ich den Film »Trip to Asia« sah, in dem man den Berliner Philharmonikern so nahe kommt wie sonst nie.

Dieser Film ist eine wunderbare Studie über das Zusammenspiel vieler Solisten und Individualisten, über die Mühen und Zumutungen, die das kostet und mit sich bringt, über die inneren Triebfedern und äußeren Bedingungen des Erfolgs, über Freude und Zweifel.

Der Untertitel des Films – »Auf der Suche nach dem Einklang« – verweist darauf, wie schwer es ist, aus lauter einzelnen Sonderlingen einen Klangkörper zu schaffen, der einem gemeinsamen Geist folgt. Und das immer wieder, hoch diszipliniert und zugleich in einem offenen Prozess der Improvisation und wechselseitigen Inspiration.

»Warum strengst du dich so an – man hört dich ja gar nicht«, wird eine der Musikerinnen von ihrem Mann gefragt. In der Tat scheint das eine der schwierigsten Übungen zu sein: eine hohe Kunst zu beherrschen, und sich dennoch nicht damit hervorzutun. Ständig an der eigenen Vervollkommnung zu arbeiten und den Applaus dennoch nicht für sich allein zu beanspruchen. Auf sich und sein Instrument bezogen zu sein und sich dennoch einzufügen, sich zurückzunehmen und auf die anderen zu hören. Sich für etwas Besonderes zu halten und sich dennoch nicht abzusondern. Das eigene Besondere in ein großes Ganzes einzubringen.

Die Philosophie und das Team

Da liegen die Assoziationen zum gewöhnlichen Leben nahe. Selbst wenn wir keine Künstler sind und unsere Biografien mit denen der Musiker wenig Ähnlichkeiten aufweisen, gibt es doch Parallelen: Immer wieder musste ich an die Schwierigkeiten der Teamentwicklung denken, an heimliche Konkurrenzen und Untiefen der Kommunikation, an die Suche nach der Balance zwischen Führung und Beteiligung. Und an den Wunsch nach Harmonie, der so oft mit dem Anspruch verwechselt wird, alle müssten mit einer Stimme sprechen.

Im Zusammenspiel der Philharmoniker wird etwas Anderes spürbar und hörbar: Einklang heißt nicht einstimmig, heißt nicht unisono. Die Orchestermusik ist polyphon und komplex in der Linienführung (Stimmen), in Harmonik und Rhythmik. Gerade aus dieser Vielfalt entsteht »ein Klang«. Gleichschritt ist nicht gewollt, sondern Vielfalt der Klangfarben und Ausdrucksweisen.

Vielleicht können wir uns von diesen Gedanken oder von einigen Weisheiten und Erfahrungen der Philharmoniker etwas abgucken?

Zum Beispiel: die Philosophie.
Es wird nicht einfach abgearbeitet, was ein anderer Mensch komponiert hat. Entscheidend ist die Interpretation. Und sie folgt einem bestimmten gemeinsamen Geist. Dieser Geist wird immer wieder neu belebt, getragen von gewachsenen Traditionen und neuen Einflüssen.

Zum Beispiel: das Team.
Die Zusammensetzung des Orchesters ist ungemein wichtig, denn der gemeinsame Geist ist ein filigranes Gebilde, das auf jede kleinste Veränderung reagiert. Ein einziger personeller Wechsel verschiebt das gesamte Gefüge und schafft neue Konstellationen.

Da sind die »alten« Mitglieder, die Tradition und Erfahrung repräsentieren. Da sind die neuen, die in das Bestehende passen, sich einpassen müssen. Doch sie bringen auch frischen Wind, andere Erfahrungen, neue Fragen und Ideen ein, durch die sich das Zusammenspiel verändert.

Aber die Alten sind stark. Wenn sie beharren und sich nicht öffnen, scheitern die Neuen. Und wenn es den Neuen an Selbstbewusstsein fehlt, dringen ihre Stimmen nicht durch.

Zum Beispiel: Demokratie.
Die Berliner Philharmoniker haben eine Tradition, die sie um jeden Preis verteidigen: Ihr Recht auf Mitsprache und Mitbestimmung. Alle haben die Möglichkeit,

über die Richtung mitzubestimmen, in die das Orchester sich entwickelt. Alle haben eine Stimme bei der Entscheidung über neue Mitglieder. Und der Dirigent hat nur eine Chance, seine Vorstellungen zu verwirklichen, wenn er mit dem Orchester zusammenarbeitet.

Zum Beispiel: Führungsqualitäten.
Warum Sir Simon Rattle ein so erfolgreicher Dirigent ist, wird in diesem Film deutlich: Er ist Musiker mit Leib und Seele. Er lebt das, was er verlangt, selbst mit aller Leidenschaft. Gestik und Mimik explodieren förmlich, der ganze Körper ist im vollen Einsatz. Das steckt an.

Es geht dabei nicht nur um Musik, sondern um die Beziehungen zwischen allen Beteiligten, um den Dialog über unterschiedliche Wünsche, Träume, Vorstellungen. Dazu gehören Auseinandersetzung und Einigung, Kritik und Bestätigung. Es darf gelacht werden. Lebensfreude und Leichtigkeit sind gepaart mit hohem Ernst in der Sache: »Wenn ich einen Scherz mache, heißt das nicht, dass ich es nicht ernst meine.«

Erfolgserlebnisse und Glücksmomente

Die Motivation, sich immer wieder anzustrengen und zu höchster Vollendung zu streben, muss sich lohnen. Ohne Applaus und Begeisterungsstürme würden vielleicht auch die Philharmoniker manchmal nachlassen. Doch nicht nur Anerkennung und Bewunderung, die das Publikum spendet, wird als Gewinn verbucht, sondern ebenso das Erlebnis des Gelingens.

Einer der Musiker nennt es ein Geschenk, den Moment immer wieder erleben zu dürfen, in dem das Zusammenspiel der Vielen tatsächlich zu einem Klang wird. Das ist unvergesslich! Da bekommt man Gänsehaut.

Mitzuschwingen, Teil eines Klangkörpers zu sein, Teil des gemeinsamen Gelingens – vielleicht ist dies das Geheimnis jeden Orchesters, ob es nun weltberühmt ist oder ob es sich um ein kleines Teamorchester handelt, in dem das Zusammenspiel einzig dem Zweck dient, Kindern einen Resonanzboden für ihre Entwicklung zu bieten.

Schauen Sie sich den Film an! Vielleicht teilen Sie meine Gedanken. Vielleicht fällt Ihnen auch etwas ganz Anderes ein...

Freiheit

Freiheit und Abenteuer – unter diesem Slogan reitet ein Cowboy in den Sonnenuntergang. Er ist frei, weil er ... raucht.

Das Begriffspaar ist nicht zufällig gekoppelt. Keine Freiheit ohne Gefahr. Oder?

Freiheit und Abenteuer verspricht heute vor allem der Konsum, »Erlebnisshopping« genannt. Element der freien Marktwirtschaft, in der freie Konsumenten sich im Kauf und Verkauf frei entfalten, die freie Wahl haben in der Vielfalt des Angebots. Was für ein Abenteuer!

Wo die Neoliberalen im freien Spiel der Kräfte die beste aller Gesellschaften feiern, beginnt das Abenteuer Überleben: Der Stärkere setzt sich durch im wilden Westen.

Freiheit, Gleichheit, Brüderlichkeit – eine revolutionäre Parole, die einst überkommene Machtstrukturen hinwegfegte und durch neue ersetzte: Freie Bürger mit der freien Verfügung über ihr Eigentum und der doppelten Freiheit der Lohnarbeiter. Marx hat es analysiert.

Freiheitskämpfer und Verteidiger der Freiheit – nicht immer ist klar, wer die »Guten« sind.

»Keine Freiheit für die Feinde der Freiheit« hieß es früher in der BRD. Freiheit ist immer auch die Freiheit der Andersdenkenden, gab Rosa Luxemburg uns mit. Und die CDU zog in den finsteren Zeiten des kalten Krieges mit der Parole »Freiheit oder Sozialismus« gegen die SPD in den bundesdeutschen Wahlkampf.

Gerade ist mir ein Büchlein von 1893 in die Hände gefallen. Sein Titel: »Ist der Mensch frei?« Ein gewisser Renard philosophiert über den Zusammenhang zwischen Individuum und Gesellschaft. Das haben viele Philosophen vor und nach ihm getan. Und die Freiheit wurde fast so oft besungen wie die Liebe – schmalzig, schnulzig und mit Pathos.

FREIHEIT – ein großes Wort, arg strapaziert. George Bush nahm es für seine kriegstreiberische Politik genauso in Anspruch wie jeder Terrorist.

Also, was jetzt? Eignet sich FREIHEIT überhaupt zum Verschenken? Ist das Wort nicht schon so durchgekaut und missbraucht, dass von seinem Inhalt nichts mehr übrig bleibt? Soll ich es lieber verstecken, versenken, vergessen? Nein, kommt nicht in Frage.

Freiheit von...

Freiheit bleibt ein Schatzwort für mich. Denn es meint so viele wunderbare Dinge, die das Leben lebenswert machen, die es zu erobern und zu verteidigen gilt. Wenn wir seinen Kern wiederentdecken und die sozialen Zusammenhänge nicht aus den Augen verlieren. Wenn wir von den großen Fragen der Welt zu den Fragen des eigenen Lebens zurückkehren.

Perikles hat gesagt: »Das Geheimnis des Glücks ist die Freiheit, das Geheimnis der Freiheit ist der Mut.« Das gefällt mir. Mal sehen, was mir einfällt, wenn ich »frei« denke...

Welches persönliche Glück, welche eigenen Geschichten verbinde ich mit Freiheit?

Freiraum, freiwillig, die Gedanken sind frei – ein Lied, das immer dann besonders gern gesungen wird, wenn Unfreiheit herrscht –, freimütig sagen, was ich denke, mich frei entfalten, mich frei machen von Zwängen, Deutungshoheit über das eigene Leben gewinnen, mich frei entscheiden, die Wahl haben, unabhängig sein, freie Hand haben, Ideen freien Lauf lassen, Freigeist, Freiheitsliebe, Freibeuter, frei wie ein Vogel, vogelfrei, Freiwild ... Upps!

Da haben wir sie wieder, die Kehrseite der Medaille: Freiheit birgt auch Gefahren, geht auf Kosten von Sicherheit. Soziale Netze reißen, gewohnte Pfade werden verlassen. In der Hoffnung auf ... keineswegs nur Abenteuer.

Menschen wandern aus, wagen sich ins Ungewisse auf der Suche nach einem besseren Leben – früher wie heute – und riskieren, zu scheitern. Sie wagen etwas, weil sie sich im Bleiben sicher scheitern sehen. Sie sind mutig, weil sie keinen anderen Ausweg sehen.

»Etwas besseres als den Tod finden wir überall«,

sagten sich die Bremer Stadtmusikanten und machten sich auf die Wanderschaft. Sie taten sich zusammen, entdeckten und nutzten ihre unterschiedlichen Kompetenzen und fanden gemeinsam ihr Glück.

Sich befreien und zu neuen Ufern aufbrechen heißt auch: Sich frei machen von Zwängen, Verpflichtungen, Erwartungsdruck. Im Extrem: Sich nicht binden, keine Verantwortung übernehmen, nichts besitzen. Frei von allem, was soziales Zusammenleben ausmacht, nichts zu verlieren haben.

»Freedom is just another word for nothing left to lose…«, sang Janis Joplin. Das Lebensgefühl einer ganzen Generation drückte sich darin aus. Alles hinter sich lassen, die verstaubten Ansichten und Lebensformen der Eltern, autoritäre Muster und Rollendiktate. »Weg mit …« war Kern neuer Gesellschaftsideen. Doch: Was statt dessen? Etwas Neues entwerfen und erproben ist ein schwieriges Unterfangen.

»Die Mauer muss weg« – ein Slogan, in dem sich der Ruf nach Freiheit bündelte: Meinungsfreiheit, Wahlfreiheit, Bewegungsfreiheit. Auch diese Freiheitsbewegung hatte die Loslösung von jeder sozialen Verantwortung nicht im Sinn.

»Wir sind das Volk« – wir verlangen die Freiheit zur Gestaltung unseres Lebens. Darin steckt die zukunftsweisende Seite der Medaille: Die Freiheit von … birgt die Chance der Freiheit für…

Freiheit für…

Freiheit steht eben nicht automatisch im Gegensatz zu sozialer Gebundenheit. Sie erschöpft sich nicht in Ellbogenfreiheit und Konsum. Persönliches Wohlbefinden braucht individuelle Entfaltung, soziale Zugehörigkeit und die Erfahrung von Sinn.

Wenn wir die Freiheit des Individuums nicht als Individualismus interpretieren, sondern als Chance zum Handeln, zur Übernahme von Verantwortung, erleben wir uns als wichtig. Finden wir Mitstreiter, mischen uns ein und gestalten die Welt, erleben wir die Aufregung und Freude gemeinsamen Tuns. Wir hinterlassen Spuren, selbst wenn nicht alles gelingt.

Das sind meine persönlichen Freiheits- und Glückserfahrungen.

Zugleich löst der Begriff Freiheit widersprüchliche Gedanken in mir aus: So froh ich bin, dass ich einen Rahmen hatte, der mir ermöglichte, Rollenmuster zu

netz-tipps

www.efraimstochter.de
Freiheit und Abenteuer – eine literarische Symbolfigur dafür ist wohl immer noch Pippilotta Viktualia Rollgardina Pfefferminz Efraims Tochter Langstrumpf, auch als Pippi Langstrumpf bekannt. Auf dieser Seite finden Sie umfangreiche Informationen zu der von Astrid Lindgren geschaffenen Figur.

www.mehr-freiheit.de
»Alles, was Sie schon immer über den klassischen Liberalismus wissen wollten, aber in den Massenmedien nicht finden konnten«, verspricht der Autor der Seite. Eine gute Gelegenheit, sich kritisch mit den Texten auseinander zu setzen.

www.bessereweltlinks.de
Über die Eingabe »Freiheit« oder »Abenteuer« finden Sie nicht alltägliche Links zu anregenden und niveauvollen Webseiten.

www.blindekuh.de
Interessante, kindgerechte Seiten zum Thema »Freiheit« finden Sie über die Suchmaske der blinden Kuh.

durchbrechen und neue Wege zu gehen, so sehr widerstrebt mir dieser Rahmen mit seiner Ideologie des »Jeder ist seines Glückes Schmied«, und wer kein Glück hat, ist selber schuld.

Freiheit als Verlust sozialer Sicherheit und Verzicht auf soziale Verantwortung ist nicht mein Ziel. Ich möchte dazu beitragen, Freiheitsräume für individuelle Entfaltung zu schaffen, die Lust und Mut machen, sich zu solidarisieren und zu engagieren. Das bedeutet in meinem Wirkungsfeld: Entscheidungsfreiheit, Selbstbestimmungsrechte, Beteiligung von Kindern zu sichern, damit sie an ihren Erfahrungen wachsen können. Ich möchte an der Macht der Erwachsenen sägen, an der Selbstverständlichkeit, mit der sie ausgeübt wird, selbst wenn sie sich hinter Begriffen wie Partizipation und Selbstbildung versteckt.

Die Schwierigkeit von Pädagogen und Eltern besteht darin, eine Balance zu finden zwischen der Anpassung an gegebene Strukturen (und damit deren Verfestigung) und der Pflicht, Eigensinn und Eigenart jedes Kindes wahrzunehmen und zu respektieren.

Die freie Entfaltung der Persönlichkeit ist ein Bildungsziel. Soziale Verantwortung ebenfalls. Doch Autonomie und Solidarität können nicht gelehrt werden. Wie wir überhaupt inzwischen wissen, dass Bildung nicht »gemacht« werden kann. Bildung ist ein Abenteuer, ein offener Prozess, den wir zu verstehen versuchen, was schwierig ist, da wir uns alle in diesem Prozess befinden. Auch die Erwachsenen bewegen sich – je mehr sie sich dessen bewusst werden, desto rasanter. Und nur wenn sie sich bewegen, erobern sie Freiräume.

Pfadfinder, Sachensucher, Zu-Muter, Fehlermacher werden gebraucht auf der Suche nach Bedingungen, unter denen Freiheit und soziales Engagement »sich bilden« können.

Die Deutungen und Bedeutungen von Welt sind immer im Fluss. Was die Kinder und wir darüber denken, was wir gemeinsam und für uns selbst »konstruieren«, ist umso abenteuerlich-verlockender, je freier die Wege sind, die wir beschreiten.
Dann mal los ...

Freudestaunen

Ein Kind, knapp ein Jahr alt, das gerade beginnt, allein essen zu wollen. Ein Joghurt und ein Löffel. Ein Abenteuer.

Das Kind taucht den Löffel ein, schöpft ihn voll und führt ihn langsam zum Mund.

Ich sitze gegenüber und bin gespannt. Das Kind merkt das und schaut mich an, während es konzentriert und vorsichtig den Löffel näher an den Mund führt. Der ist in Vorfreude schon eine Weile geöffnet. Leider vergebens.

Kurz vor dem Ziel dreht das Kind den Löffel um. Schlapp – alles landet auf dem Hemd. Das Kind schaut mich an, fragend.

Na, so was? Ich mache ein verwundertes Gesicht. Das Kind auch.

Noch mal. Na klar, so schnell wird doch nicht aufgegeben.

Und wieder: Der Löffel taucht in den Joghurt und wird randvoll vorsichtig zum Mund geführt. Das klappt hervorragend – bis, tja, bis er sich wieder wie von selbst umdreht, kurz bevor es lecker wird. Schwupp – Joghurt auf dem Hemd.

Das Kind guckt hin. Dann schaut es mich an und wartet auf meine Reaktion.

So scheint es nicht zu klappen, was? Irgendetwas stimmt da wohl nicht. Ich mache ein nachdenkliches Gesicht, ziehe die Stirn in Falten, wiege meinen Kopf hin und her. Das Kind schaut mich unverwandt an.

Auf gut Glück schlage ich vor: Versuch es doch mal andersherum. Ich zeige mit der Hand und dem Arm, was ich meine. Das Kind schaut und denkt.

Dann macht es einen erneuten Versuch. Taucht den Löffel ein, führt ihn zum Mund und – ich will es kaum glauben – dreht ihn diesmal nicht um. Der Joghurt landet tatsächlich dort, wo er hin soll.

Ich bin begeistert und zeige das, ich klatsche, ich hüpfe, ich freue mich.

Das Kind freut sich auch. Es strahlt mich an. Und probiert weiter. Bis der Joghurt alle ist. Dabei wendet es den Blick nur dann von mir ab, wenn es den Löffel in den Becher tunken muss, weil es immer beides haben möchte: die Freude über das Gelingen und die Freude über meine Freude.

Das Kind ist stolz und froh. Es wird satt, und es wird bewundert. Ganz nebenbei hat es gelernt, wie's geht.

Fünf Minuten...

Hat dieses kleine Kind tatsächlich verstanden, was ich gesagt und gemeint hatte? Oder war das Zufall? Egal. Es hat ein Lernprozess stattgefunden. Einer von unendlich vielen kleinen Prozessen, die Kinder jeden Tag erleben – ob nun von Erwachsenen beobachtet oder nicht –, wenn die Bedingungen stimmen: Erwachsene, die es aushalten können, dass erst mal etwas daneben geht. Die abwarten, bis nach Versuch und Irrtum, neuem Versuch und anderen Wegen sich die Erkenntnis Bahn bricht. Erwachsene, die nicht dazwischenfunken mit Putzen und Wischen. Die nicht auf Sauberkeit oder sonstige Äußerlichkeiten achten.

Zulassen und Abwarten sind nicht die einzigen Bedingungen. Die Aufmerksamkeit und Reaktion, die Ermunterung und Anteilnahme des Gegenübers tun ein Übriges.

In dieser kleinen Szene wusste sich das Kind in seinen Bemühungen wahrgenommen, es bemerkte mein Interesse und fühlte sich dadurch angespornt. Noch mal! Nicht aufgeben! Das wäre doch gelacht, wenn du das nicht hinkriegst! Zustimmung und Tipps in Mimik, Gestik und in Worten. Es fand ein Dialog statt, und eine Beziehung entstand. Eine Beziehung zwischen bis dahin Unbekannten. In fünf Minuten entstand ein Band von Zuneigung.

Das wunderbar Leichte

Und bei mir? Was blieb zurück? Freudestaunen.

Staunen darüber, wie hartnäckig und erfolgreich dieses Kind sein Vorhaben verfolgte. Staunen über die unglaublichen Fähigkeiten, die sich in dieser kleinen Szene zeigten: Ein Kind von einem Jahr ist ein Wunder an Kompetenz in jeder Hinsicht! Staunen über die Prozesse, die wir Erwachsenen so oft gar nicht bemerken. Und Freude, weil die Kommunikation zwischen uns so wunderbar leicht funktionierte.

Ein Kind muss nicht in meiner Sprache reden können, damit wir uns verständigen. Im Gegenteil. Zuweilen glaube ich, die vielen Worte der Erwachsenen verstopfen eher den direkten Draht.

Freudestaunen ist nicht nur ein Wort, das ich gern verschenken möchte. Es ist vor allem ein Gefühl, das ich uns Erwachsenen in der Begegnung mit Kindern wünsche: Wenn wir bereit sind, hinzuschauen, und verstehen wollen, gibt es unendlich viel zu staunen und zu freuen.

Freuräume

Wie wunderbar Verhörer, Versprecher und Verschreiber sind, davon weiß nicht allein Axel Hacke zu rühmen. Mit einem schönen Gruß von Sigmund Freud verweisen sie uns auf geheimnisvolle Sphären, die hinter den Wörtern stecken, auf unsere heimlichen Gedanken und Wunschträume.

Wider den tierischen Bildungsernst!

Nehmen wir mal die Freuräume – ein schlichter Verschreiber, aber mit goldenem Kern.

Eigentlich sollte da Freiräume stehen. Freiräume für selbstbestimmtes Handeln, für eigenes Denken, für Spiel, Freiräume für Lebenslust. Und plötzlich lese ich: Freuräume.

Genau! Das trifft es in einem Wort. Ein echtes Schatzwort. Erwachsenen, die sich das auf ihre Fahnen schreiben, könnte ich den ganzen Tag mit Begeisterung zusehen. Menschen, denen es nicht nur darum geht, Kinder loszulassen und ihnen etwas zuzutrauen, sondern die der Lebensfreude Raum verschaffen, würde ich am liebsten einen Orden verleihen. Den Orden wider den tierischen Bildungsernst, der Lernen, Lust und Leistung trennt und durch Druck ersetzt.

Der Spur der Freude folgen

Kinder wissen es, und Erwachsene können es von ihnen lernen: sich in etwas vertiefen, sich verlieren, ganz bei sich sein, sich auf eine Sache einlassen – das ist mehr als »Spaß«. Das ist Ernsthaftigkeit und Freude zugleich. Wer sich vertieft, ist konzentriert und engagiert, vergisst die Welt um sich herum, lässt sich nicht stören oder irritieren, folgt seiner eigenen Spur, forscht, denkt, erfindet, erkennt. Wir können das bei Kindern beobachten, wenn wir uns darauf ernsthaft und mit Freude einlassen.

Kinder bleiben hartnäckig an ihren Themen. Sie probieren unverdrossen, was ihnen heute noch nicht gelingt. Aber morgen. Oder übermorgen. Geschafft!

Sie sind stolz und nehmen sofort die nächste Hürde in Angriff. Mit Energie und Konsequenz. Denn ein erreichtes Ziel ist Ansporn und Ausgangspunkt für ein neues.

Welche eine Leistung! Und welch eine Lust, das zu sehen.

Es lebe die Lebenskunst!

Lebenskunst ist mehr als Lebenslust. Lebenskunst ist etwas Elementares: zu wissen, was mir gut tut, und dafür zu sorgen, dass ich das bekomme, was mir gut tut. Für das eigene Wohlbefinden Verantwortung zu übernehmen, statt von anderen Menschen zu erwarten, dass sie mich glücklich machen.

Um nicht missverstanden zu werden: Wenn in der Gesellschaft zunehmend der Strom ausfällt oder ganzen Bevölkerungsgruppen abgestellt wird, ist es individuell schwierig, sich Licht zu verschaffen. Da braucht es gemeinsame Anstrengungen, um ein Kraftwerk alternativer Energiegewinnung zu bauen. Doch bezogen auf Kinder und Jugendliche haben wir – jede und jeder von uns – bereits heute die Chance, für Licht und Wärme zu sorgen. Das kostet nichts, geht sofort und braucht »nur« den Entschluss.

Wenn wir, ohne die gewünschten Kompetenzen aus dem Blick zu verlieren, einen Teil unserer Aufmerksamkeit auf die Freuden der Kinder und Jugendlichen richten, entdecken wir vielleicht etwas, das uns neu ist. Wir erfahren etwas über sie, das wir noch nicht wissen: Nämlich welche Gefühle sie bewegen und was ihnen in ihrem Leben wichtig ist.

Das ist eines der zentralen Kompetenzziele: Zu wissen, was in meinem Leben wichtig ist, woran ich mich messen (lassen) will, was ich erreichen will, wovon ich träume. Mich zu verwahren gegen Fremdbestimmung: Sag du mir nicht, wie ich sein will! Sag du mir nicht, was ich schön finde! Sag du mir nicht, worüber ich mich zu freuen habe!

Sag mir lieber, was für dich wichtig ist. Aber erwarte nicht, dass ich die Dinge genauso sehe.

Proviant im Lebensrucksack

Was wollen wir Kindern mitgeben auf ihren Lebensweg? Selbstvertrauen. Klar, das will jeder. Zuversicht, Mut, Zukunftsoptimismus. Und Lebensfreude? Hoffentlich.

Wie kommt sie in den Erfahrungsrucksack? Wie sehen Räume aus, in denen sie gedeiht?

Vielleicht sollten wir Freuräume gestalten und mit Freumaterial ausstatten. Das wäre doch interessant, mit Kindern gemeinsam zu sammeln, was dazu gebraucht wird.

Freuräume werden eine andere Gestalt erhalten als Funktionsräume, vermute ich. Was sieht und hört man in Freuräumen? Vergnügte Kinder, die kichern, glucksen, pfeifen, spinnen, philosophieren, singen und auf einem Bein herumspringen – ungeplant und ungebremst, spontan, laut und nicht wie bei Loriot: »Wir lachen gerne mal – wenn's passt.«

Leichtigkeit statt pädagogischer Schwere. Gelassenheit. Verrückte Ideen. Lust am Leben hier und jetzt. Vielleicht sollten wir Freudetagebücher schreiben statt Bildungsbiografien, Lerngeschichten als Freudegeschichten festhalten, denn: »Das Leben ist eine Herrlichkeit«, sagt Rilke.

Freuräume, um Lebenskunst zu üben, wünsche ich mir für Heranwachsende und Herausgewachsene.

Gelassenheit

Was für ein schönes Wort! Auch wenn es mir nur selten gelingt, es zu leben. Aber es hat eine wunderbare Botschaft, und ich versuche immer häufiger, sie auf mich wirken zu lassen.

Wirken lassen. Genau! Darum geht es bei allen versenkten und verschenkten Begriffen: der Wirkung nachspüren und vielleicht das eine oder andere wirksam auf den Kopf stellen.

Worte wirken, so viel ist klar – aber wie? Das ist eine spannende Frage, der ich ganz gelassen nachspüren kann. Über die Bedeutung eines Wortes mag man streiten (oder sie im Duden suchen), über die Wirkung nicht. Denn die ist immer subjektiv.

Permanente Bilderfluten

Jedes Wort löst Assoziationen aus – sofern ich etwas damit verbinde. Kenne ich es nicht und habe keine Ahnung, was gemeint ist, kann ich mir im wahrsten Sinne des Wortes »keinen Begriff machen«. Folglich bastele ich mir eine Deutung zusammen, die irgendwie in meine Erfahrungswelt passt, zum Beispiel bei komplizierten Fachbegriffen oder Fremdwörtern. Oft passiert das auch Kindern, die sich fremde Begriffe fantasievoll »bekannt machen«.[3]

Begriffe wandern dann in unseren persönlichen Wortschatz, wenn wir zu ihnen eine Beziehung gefunden haben, gespeist aus Erfahrungen oder Geschichten, Büchern und Filmen aller Art. Dann holen wir aus unserer Erinnerung Gefühle und Erlebnisse hervor und bauen im Bruchteil einer Sekunde um einzelne Wörter und Wortfolgen ein ganzes Szenarium auf – im Kopf. Ein Film läuft vor unserem inneren Auge ab.

Ein Film? Mir scheint, das sind Zusammenschnitte verschiedener Filme... Seit ich darauf achte, kommt es mir höchst merkwürdig vor, was für ein Film-Kaleidoskop ich nicht nur in nächtlichen Träumen produziere, sondern permanent.

Ein Fall für Gelassenheit

Wie auch immer – »Gelassenheit« ruft jedenfalls bei jedem von uns andere Bilder ab. Bei aller Gemeinsamkeit im Wortschatz unterscheiden sich unsere Erfahrungen und vor allem unsere Wahrnehmungen. Erinnerungen und Assoziationen sind sogar dann verschieden, wenn wir von den gleichen Ereignissen sprechen.

Eigentlich eine simple Weisheit. Doch sie kompliziert die Kommunikation. Es ist fast ein Wunder, dass wir uns überhaupt verständigen können. Oft genug geht es ja auch schief. Ein Fall für Gelassenheit!

Je gelassener wir davon ausgehen, dass gesagt nicht gehört und erst recht nicht verstanden ist, um so besser funktioniert es. Dann ist es eine große Freude, plötzlich festzustellen: Ja! So verstehe ich das auch!

Denn das bedeutet entweder: Wir haben ähnliche Einschätzungen und können uns deswegen verstehen. Oder wir sind in der Lage, uns gegenseitig wirklich zuzuhören und uns in die Gedankenwelt des anderen einzufühlen – ohne immer schon das Eigene mitzudenken und dagegenzusetzen. Dann sind wir im Dialog.

3 Ein wahres Kleinod zu diesem Thema: Axel Hackes »Der weiße Neger Wumbaba. Kleines Handbuch des Verhörens«, illustriert von Michael Sowa und erschienen bei Kunstmann, München 2004

Erinnerungsvergleich

Mal sehen, welche Szenarien rund um »Gelassenheit« vor meinem inneren Auge aufsteigen. Und Sie schauen nach, ob und wie das zu Ihren Erinnerungen, Gefühlen und Wünschen passt.

Was fällt mir zu »Gelassenheit« ein? Was wirkt bei diesem Wort nach?

Innere Ruhe, sich Zeit nehmen, abwarten, wachsen lassen, Geduld haben, bloß keine Hektik, gemach, gemach... Unaufgeregt in aufregenden Situationen, mit kleinen Webfehlern und Pannen ganz selbstverständlich leben, andere Menschen so lassen, wie sie sind, etwas auf sich beruhen lassen, nicht verbissen kämpfen... Nicht alles haben wollen, etwas sein lassen, sich freuen an dem, was ist und gelingt ... Wissen, dass das Leben nur sehr begrenzt planbar ist...

Gelassener werden, heißt weiser werden. Beides soll mit dem Alter wachsen. Als kleiner Trost für anderes, das schwindet.

Gelassenheit ist auf jeden Fall notwendig, wenn man zwar älter, aber nicht spürbar weiser wird. Gelassener zu werden ist ein erstrebenswertes Ziel, finde ich. In der Arbeit, in Beziehungen, gegenüber Nachbarn, im Straßenverkehr, zu Ostern und Weihnachten. Wann und wo noch?

Halt, es gibt auch Grenzen. Ich will Gelassenheit keinesfalls mit Fatalismus – Mir ist alles egal, es kommt nicht drauf an! – verwechseln. Das wäre fatal.

Worauf es ankommt? Das Wichtige vom Unwichtigen zu unterscheiden. Lebenszeit und Energie in Dinge zu investieren, die mir wirklich am Herzen liegen und für die es sich lohnt, beherzt zu handeln. Vielleicht ist das der Kern der Sache: Wissen, was ich warum tue und was ich warum lasse. Den eigenen Weg gehen, ohne schlechtes Gewissen, ohne Rechtfertigungsdruck und ohne sich von Ratschlägen aller Art verunsichern zu lassen. Schön wär's...

Bildungsgelassenheit

In »Gelassenheit« stecken etliche andere schöne Wörter. Zum Beispiel: Bildung ist LASS (eine Eselsbrücke meiner Kollegin Christa Möllers, die es leicht macht, sich zu merken: Bildung ist lustvoll, aktiv, sinnlich und sozial. So heißt es im Berliner Bildungsprogramm).

Mehr muss man eigentlich nicht beherzigen, wenn es um Bildungsprozesse und Bildungsbedingungen geht.

Das LASS setzt weitere Fantasien frei, allesamt geeignet, um Gelassenheit rund um Pädagogik walten zu lassen: Loslassen – sich zurücknehmen, nicht alles dominieren oder wissen wollen. Freilassen – Macht abgeben, Entscheidungen respektieren. Zulassen – abwarten, was passiert. Sich verlassen – Vertrauen haben in den inneren Entwicklungsmotor und den Wunsch von Kindern, Verantwortung zu übernehmen. Weglassen – weniger ist manchmal mehr, wenn man dafür Zeit und Raum gewinnt. Sich einlassen – innerlich dabei sein.

Loslassen und sich einlassen – zwei schöne Pole der Gelassenheit. Als Begleiter brauchen sie Vertrauen, Offenheit, innere Zeit und Freiheit. Aber woher nehmen wir diese Begleiter?

Sogleich erhebt sich meine Lieblingsfrage: Wie entfalten sich persönliche Kompetenzen? Kann man Gelassenheit lernen? Im Alltag trainieren? Woran merkt man, dass es gelingt? Welche Bedingungen können wir uns selbst verschaffen, damit wir eine Chance haben und nicht bloß Wünsche?

Ideen

Haben Sie Erfahrungen, von denen andere lernen können? Ideen, die man abgucken kann?

Wie die Idee mit den Klebezetteln überall dort, wo sie hinpassen. Zum Beispiel zur Entschleunigung gleich neben der Uhr: »Hast du es eilig, mach einen Umweg.« Neben den Checklisten zur Beobachtung, sofern sie noch nicht entsorgt wurden: »Das Gras wächst nicht schneller, wenn man daran zieht.« Oder auf dem Schreibtisch, gleich neben der Liste von Ärgernissen ein Spruch von Benjamin Franklin: »Herr, lass mich das ändern, was ich ändern kann, das akzeptieren, was ich nicht ändern kann, und gib mir die Weisheit, das eine vom anderen zu unterscheiden.«

Glück

Glück – ein heikles Wort. Ähnlich beladen und abgenutzt wie Freiheit.

Die Amerikaner haben das Streben nach Glück sogar als Menschenrecht in ihre Verfassung aufgenommen. Gibt es ein Menschenrecht auf Glück? Und wenn – wie wäre es zu realisieren?

Ist »Glück« überhaupt ein Verschenke-Begriff? Kann ein Mensch dem anderen Glück schenken?

Alles happy?

Mal sehen was mir zu »Glück« in den Sinn kommt: Glückwünsche, Glückstreffer, Glücksritter, Glücksbringer, Glücksschweinchen, Glücksache, Glückspilz, Glücksklee und natürlich die Milch von den glücklichen Kühen.

Der glücklichste Tag im Leben einer Frau (eines Mannes nicht?) ist nach landläufiger Meinung immer noch der Hochzeitstag. Da endet alles happy. Was danach kommt, wird der Fantasie überlassen. Wie wir wissen, ist das Glück oft nicht von Dauer. Wie Glück überhaupt selten von Dauer ist. Vielleicht geht das auch gar nicht. Denn gäbe es nicht auch die Erfahrung von Unglück, Hoffnungslosigkeit, unerfüllter Sehnsucht, tiefer Verzweiflung – wir würden Glück gar nicht empfinden.

Empfinden – da haben wir es. Glück ist ein Gefühl. Ein subjektives Gefühl. Was wen glücklich macht, ist sehr verschieden. Auch wenn es so etwas wie eine kulturelle Übereinkunft darüber gibt, was Glück bedeutet, sonst gäbe es ja das Wort nicht.

Und Unglück? Ebenfalls subjektiv. Selbst wenn es Unglücksfälle gibt, die man sich gar nicht vorstellen mag und vor denen man sich im Innersten immer fürchtet. Passiert etwas Schreckliches, fragen wir uns: Wie halten die betroffenen Menschen das aus? Können sie jemals wieder lachen? Kann Unglück bewältigt und ins Leben integriert werden? Können blinde Menschen glücklich sein? Selbstverständlich. Wer sehen kann, für den ist das aber kaum vorstellbar. Und doch: Es scheint einen Lebenswillen zu geben, der zugleich ein Stückchen Glückswille ist. Sonst könnten wir nicht (über-)leben, denn Leben ohne Lebensfreude ist schwierig. Und was ist Lebensfreude anderes, als das intensive Erleben von Glücksmomenten?

Träume und Schäume

Also noch einmal: Was ist Glück? Gesundheit, soziale Sicherheit, Liebe, Frieden, Freiheit. In der Tat – was braucht man mehr? Aber: Reicht das wirklich, um sich glücklich zu schätzen?

Es scheint zuweilen, als ob Glück vor allem das Gegenteil von dem ist, was man hat. Gehört zum Glücklichsein vielleicht mehr als die Abwesenheit von Unglück?

Was fehlt zum Glück? Vielleicht die Aufregung, das Prickelnde? Nicht umsonst dreht sich in vielen Opern, Filmen und Romanen alles um Mord und Totschlag, Liebe und Hass, Macht, Eifersucht und Rache. Der Stoff, aus dem die Dramen sind. Und die Träume. Denn etwas Aufregendes zu erleben, nicht nur so »dahinzuplätschern«, das hat wohl auch mit Glück zu tun. Und sei es nur in Stellvertretergeschichten. Groschenromane früher und Seifenopern heute ziehen daraus ihre Erfolge und möchten uns den Alltag vergessen lassen. Weil Glück im Alltag keinen Platz hat? Alltag ist grau. Oder? Und welche Farbe hat Glück?

Arbeit und Glück

Das chinesische Sprichwort »Wenn du eine Stunde glücklich sein willst – schlafe. Wenn du einen Tag glücklich sein willst – geh fischen. Wenn du ein Leben lang glücklich sein willst – liebe deine Arbeit« löst bei vielen Menschen ironisches Gelächter oder trauriges Seufzen aus. Glück soll im Alltäglichen und gar in der Arbeit liegen? Schön wär's ...

Von Glück sagen kann, wer einen Arbeitsplatz hat. Glück im Beruf erleben nur die wenigen Privilegierten, die Spielräume für eigenes Handeln haben. Denn das ist wohl ein Glücksmerkmal: innere und äußere Beteiligung. Wo sie gegeben sind, bestehen Glückschancen – wenn auch oft nicht wahrgenommen, zum Beispiel in Bildungseinrichtungen.

Für die meisten Menschen ist Glückserfahrung in der Arbeit so utopisch, dass sie darüber gar nicht nachdenken. In der Schule wie auf der Arbeit gilt: Glücklich ist, wer Ferien hat. Wie bedauerlich, denn schließlich verbringen wir die meiste Zeit unseres wachen Lebens nicht im Urlaub oder am Feierabend, sondern im Alltag. Darin nach Glücksmomenten zu fischen könnte uns bereichern.

Die Glückswand

Eines scheint mir im Blick auf das eigene Leben und die pädagogische Arbeit wichtig zu sein: Wir können andere Menschen weder auf Dauer glücklich machen noch sie zu ihrem Glück zwingen. Wir können (und sollten) die Verantwortung für das Glück anderer nicht übernehmen. Auch dann nicht, wenn es sich um unsere Kinder handelt. Was wir ihnen jedoch mit auf den Weg geben können, ist die Fähigkeit, für sich selbst und ihr Glück zu sorgen, zu wissen, was sie brauchen, und sich darum zu kümmern, es zu bekommen. Was auch bedeutet, sich zu verwahren gegen all das, was sie unglücklich macht.

Glück zu verschenken ist schwierig. Aber vielleicht ist es weniger schwierig, dazu beizutragen, dass es glückliche Momente für uns selbst und andere gibt?

Ein praktisches Hilfsmittel, ausprobiert in einem Teamseminar: die Glückswand. Auf einem großen Plakat sammelten wir, was uns Erwachsene ganz persönlich glücklich macht. Es zeigte sich, dass es fast immer einzelne Momente oder kurze Phasen sind: Zeit für mich allein, nicht gehetzt werden (ganz oben auf der Liste), verliebt sein, ein Essen mit Freuden, intensive Gespräche, herzhaft lachen, etwas Schwieriges geschafft haben, barfuss am Strand laufen, ein Sonnenaufgang, Großmutter werden...

Später haben wir überlegt, welche unserer Glücksmomente eventuell auch auf Kinder zutreffen könnten. Und siehe da, abgesehen vom letzten Punkt, der ein gewisses Alter voraussetzt, stellten wir fest: Für Kinder gilt Ähnliches. Auch sie brauchen ungestörte Zeit für sich, intensive Gespräche, Erfolge, etwas zum Lachen, sinnliche Erfahrungen und starke Eindrücke, um Glücksmomente zu erleben. Es ist gar nicht schwer,

dafür zu sorgen, dass dies möglich ist. Wenn wir es wollen und danach suchen.

Wie sehen Kinder eigentlich aus, wenn sie glücklich sind? Und wie, wenn nicht? Fahren wir dafür unsere Antennen aus, dann finden wir mehr über sie heraus als bei der Suche danach, »was ein Kind kann und was (noch) nicht«.

Erinnerungen

Was beim Blick auf eigene Glückserlebnisse ganz nebenbei auftaucht, das sind Erinnerungen. Sie fördern nicht nur Glückliches zutage. Erkennbar wird, dass das Lob der glücklichen Kindheit ein Klischee ist und mit dem wirklichen Kinderleben nur bedingt zu tun hat. Weder sind wir alle Glückskinder gewesen noch ist die Erwartung an Kinder gerechtfertigt, immerzu vergnügt und guter Dinge zu sein. Wenn wir Erwachsene uns an unsere Gefühle von damals erinnern, werden wir wacher für Kindergefühle. Glücklich ist auch, wer unglücklich sein darf, aber nicht allein gelassen wird.

Jeder ist seines Glückes Schmied? Sicher, sofern Hammer, Amboss und eine Werkstatt zur Verfügung stehen. Wo nichts dergleichen zu finden ist, kann auch nichts geschmiedet werden, weder Glück noch sonst etwas.

Die Kita als Glücksschmiede. Mit all dem Werkzeug ausgestattet, das notwendig ist, um sich das zu schmieden, was man braucht, um den eigenen Weg zu gehen. Was nicht bedeutet, in Ruhe gelassen zu werden, sondern in Ruhe eine Vielfalt von kulturellen Schätzen kennen zu lernen, sich ausprobieren und eigene Vorlieben entdecken zu können. Wäre das nicht ein Glück?

Theodor Fontane war bescheidener: »Glück ist: ein Dach über dem Kopf, ein gutes Buch, Freunde und keine Zahnschmerzen.«

Imagination

Denken Sie bei diesem Wort auch sofort an Zauberei? An Erlebnisse, die Sie fasziniert haben, weil etwas Unwahrscheinliches vor Ihren Augen geschah? Ich weiß noch, dass mich als Kind die Frage beschäftigte, wie es dem Magier wohl gelungen war, den Tiger vom Boden in einen Käfig unter der Zirkuskuppel zu versetzen. Das war echt! Nix mit Spiegeln. Eben noch hier unten, im nächsten Moment baumelt er dort oben... Unvorstellbar!

Die Erwachsenen beharrten darauf: Das ist ein Trick. Wie alles andere in der Show. Ich »wusste« es besser: Dieser Mann kann etwas, das ich auch kann, nämlich kraft der eigenen Gedanken und des eigenen Willens Fantasien zum Leben erwecken.

Wenn ich etwas ganz fest will, es mir genau vorstelle, die Fäuste balle (Daumen nach innen) und die Augen zusammenkneife, dann passiert es wirklich. Ähnlich überzeugt war ich von meiner Fähigkeit, andere Menschen per Gedankenübertragung zu etwas bewegen zu können. Beides hat sich später leider als Illusion herausgestellt.

Hatten Sie auch mal einen imaginären Freund? Meiner hieß Kokokraxel. Niemand kannte ihn, außer mir. Es durfte ihn auch niemand kennen, denn dann würde er sich in Luft auflösen. Trotzdem hatte er eine handfeste Gestalt. Ich wusste genau, wie er aussah und sich anfühlte, denn er zeigte sich manchmal in meinen Träumen. Fühlen konnte ich ihn, wenn ich ihm abends »Gute Nacht« sagte. Dann legte er sich unter mein Bett und passte auf, dass mir nichts geschah. Wenn ich in der Nacht wach wurde und nicht wusste, wo ich war, fasste ich unters Bett – und schon war alles gut.

Kokokraxel konnte ich alles erzählen. Er war immer da, hatte Zeit für mich, schimpfte nie und verstand mich. Kokokraxel tröstete mich, wenn ich traurig war, regte sich mit mir über Ungerechtigkeiten auf, teilte meine Wut und lachte mit mir über die Erwachsenen. Ohne ihn wäre manches schwerer zu ertragen gewesen.

Auch andere Kinder hatten solche unsichtbaren Freunde. Wir wussten das voneinander, weil wir uns manchmal ertappten, wenn wir mit ihnen sprachen. Dann fühlten wir uns wie Verschwörer, denn die Großen durften nichts von unseren Freunden wissen. Sie hätten kein Verständnis gehabt und uns womöglich den Umgang verboten, wegen des schlechten Einflusses. Diese Freunde verführten uns nämlich zum Quatschmachen, zu Streichen und verbotenen Unternehmungen. Kokokraxel zum Beispiel konnte – wie der Name schon sagt – sehr geschickt über Zäune und auf Bäume klettern. Da musste ich natürlich immer mit. Zum Nachteil von Hosen und Knien. Und zum Ärger meiner Mutter, die damals sowieso Mühe hatte, mich einigermaßen anständig zu kleiden. Wenn sie gewusst hätte, wer mich immer anstiftete...

»Sei vernünftig« – das war eine der Erwartungen, die an uns gestellt wurden. Vernünftig zu sein oder besser: zu werden, das war das erklärte Erziehungsziel.

»Wann wirst du endlich...«, ein Stoßseufzer, der mich auch später noch begleitete. Erwachsen zu sein bedeutet also, vernünftig zu sein, und das wiederum bedeutet, sich von fantastischen Freunden, von Träumen und zauberischen Kräften zu verabschieden. Erwachsen ist man, wenn man in der Realität angekommen ist.

Es hat geklappt. Die Bildungsbemühungen von damals waren erfolgreich. Leider. Aber nicht ganz. Auch heute kann ich mir noch was einbilden.

Zum Glück weiß ich inzwischen, dass Einbildung zur Bildung gehört, nicht nur im Wort. Zum Glück begegnen mir Kinder, die ich manchmal ein Stück auf ihren fantastischen Einbildungswegen begleiten darf. Zum Glück erinnere ich mich an damals und komme gern mit. Zum Glück gibt es wunderschöne Bücher von Erwachsenen, deren Fantasie in Worten und Bildern steckt und in deren Geschichten ich tauchen kann – vorausgesetzt, ich nehme mir die Zeit und die innere Freiheit dazu. Zum Glück gibt es nicht nur vernünftige Erwachsene.[4] Es lebe die Imagination!

---

4 Siehe Picasso im Kapitel »Improvisation«

Improvisation

Eigentlich wollte ich einen anderen Begriff verschenken, habe ihn aber wieder ausgepackt, weil ich ihn noch ein bisschen behalten will. Nun brauche ich eine Alternative. Improvisation ist nötig.

Andererseits: Eignet sich dieses Wort überhaupt zum Verschenken? Schau'n wir mal…

Improvisation ist nicht unbedingt ein Wort in Goldpapier. Es hat den Beigeschmack des Unfertigen, Unperfekten, Provisorischen und wird eher entschuldigend benutzt: Ich habe mal schnell improvisiert, also spontan, eher ungeplant und nur halb durchdacht etwas aus dem Ärmel geschüttelt.

Na wunderbar! Da zeigen sich doch Einfallsreichtum und praktische Vernunft!

Und aus dem Ärmel schütteln kann man nur, was man vorher rein getan hat.

Picasso war ein Meister der Improvisation: Weil ihm Möbel fehlten, malte er sich welche an die Wand und hatte die Imagination einer Einrichtung. Einfach genial!

Das ist wohl das Geheimnis gelingender Improvisation: Genial in ihrer Einfachheit, sozusagen schlichte Größe und edle Einfalt. Bloß nicht von hinten durch die kalte Küche in die Brust. Sondern mit dem, was da ist, agieren und hantieren. Nutzen, was man finden kann, und mit Fantasie daraus erschaffen, was man braucht. »Aus Schiete Rosinen machen« hieß das früher bei uns zu Hause. Oder: »Not macht erfinderisch.«

Demzufolge ist Improvisation eine Form der Kreativität, die nicht aus materieller Fülle erwächst, sondern aus einer Fülle an Ideen. Improvisation erfordert Fantasie und den Mut zu ungewöhnlichen Lösungen, zum Zweckentfremden von Dingen und zum Durchbrechen vorgegebener Funktionen oder Muster.

Zu improvisieren heißt auch, sich auf offene Prozesse einzulassen. Zu riskieren, dass etwas schief geht oder jemand die Nase rümpft. Das wagt man nur, wenn man keine Angst hat, sondern stolz auf seine Lösungsideen ist. In aller Regel gibt es ja auch ein paar Leute, die einen mögen, weil man immer für eine Improvisation gut ist.

Das einfach Geniale

Kinder sind Meister der Improvisation. Mit dem, was sie gerade finden, können sie ein Szenarium erschaffen, das sie für ihr Spiel brauchen. Auch wenn sich uns Erwachsenen der Sinn und Zusammenhang nicht erschließt – es ist immer einer da.

Besonders gut lässt sich das beobachten, wenn vorgefertigtes Spielzeug fehlt. Doch nicht nur dann. Überall können wir sehen, dass Kinder den Dingen andere Bedeutungen zuschreiben. Andere, als die Dinge von ihrer Funktion her haben, und andere, als wir denken. Halten wir das aus? Erfreut uns das womöglich?

Erzieherinnen sind auch Meisterinnen der Improvisation. Das müssen sie sein, denn in einem Haus, das von vielen kleinen und großen Menschen bevölkert wird, ist letztlich nichts wirklich planbar. »Erstens kommt es anders, und zweitens als man denkt…«

Wer nicht ständig mit der Unmöglichkeit, etwas genau so zu realisieren, wie gedacht, hadern will, dem bleibt nichts anderes übrig, als sich mit Improvisation anzufreunden. Das tun die meisten von uns ja auch. Nur sind wir nicht stolz darauf. Und das, meine ich, sollten wir ändern.

Schenken wir uns die Freude an unseren kreativen Fähigkeiten. Bauen wir sie selbstbewusst aus. Schauen wir genau hin, wo die Kinder uns zeigen, über welche Fülle von Fantasie sie verfügen. Unterstützen wir ihre Lust am Erfinden und Umfunktionieren, so gut wir können.

Es lebe die Improvisation! Alles andere ist sowieso Mumpitz.

Wie sagte John Lennon doch gleich? »Leben ist das, was passiert, während wir andere Pläne machen.«

Lebenskunst

Die Last der Erziehung … … abwerfen !

Lebenskunst – ein Wort aus zwei Bauteilen, deren jedes mit Freude besetzt ist:

Wenn ein neues Leben beginnt, feiern wir das und nennen es ein Wunder. In jedem Frühling freuen wir uns, dass die Natur zu neuem Leben erwacht. Wir vertrauen darauf, dass auch nach dem längsten Winter eines Tages die ersten Krokusse hervorkommen. Manchmal sind wir ungeduldig, es dauert uns zu lange. Aber: Das Leben hat seinen eigenen Rhythmus.

Und Kunst? Was ist das eigentlich?

Kunst hängt im Museum. Kunst ist etwas Künstliches, das Gegenteil von Natur. Kunst hat mit Kreativität zu tun. Kunst kommt von Können. Kunst braucht Technik, Übung und Begabung.

Was ist Begabung?

Alle Kinder sind begabt, von Hause aus. Es ist ihnen »gegeben«, Neues zu schöpfen, Ideen zu spinnen, den Dingen einen eigenen Sinn zu verleihen. Sie können noch alles, können noch alles werden und alles lernen. Sie vertrauen noch darauf. »Das kann ich nicht. Dafür bin ich völlig unbegabt« – solche Sätze lernen sie erst von uns Erwachsenen.

Schauen wir noch einmal auf die Wörter: Kunst, Kunstwerk, Kunstsammler, Kunstkenner, Kunstmaler, Kunsthandwerk, Handwerkskunst, Kunstdünger… Lebenskunst ist nicht dabei. Schade. Lebenskunst haben wir nicht auf dem Programm. Ernst ist das Leben, heiter die Kunst.

Gelegenheiten beim Schopf ergreifen

Wie schön wäre es, wenn wir Lebenskunstwerke sammeln oder unser Leben als Gesamtkunstwerk betrachten würden, Lebenskunstkenner wären oder Lebenskunstdünger produzierten, um die Lebenslust zum Wachsen und Sprießen zu bringen.

Kommt Lebenskunst nicht auch von Können? Von leben können?

Was ist das eigentlich: ein Lebenskünstler? Denken Sie jetzt an Müßiggang? An dolce fa niente? An die Abwesenheit von jeglichem Ehrgeiz? An Sonne, gutes Essen? Ich auch. Und an was noch?

Sammeln wir mal, was uns zu Lebenskunst und Lebenskünstlern einfällt: Gelassenheit, Lebensfreude, Optimismus. Genießen können, mit wenig auskommen, sich nicht unterkriegen lassen, aus kleinen Freuden große machen, sich seiner Erfolge freuen, feiern, kreativ sein, tun, wozu man Lust hat und was man gut kann, den eigenen Impulsen folgen, Freunde um sich versammeln, mit offenen Augen durch die Welt gehen, Eindrücke aufnehmen, neugierig sein, Fantasie entwickeln...

Da ist sie, die Verbindung: Lebenskünstler sind Menschen, die sich ihres Lebens freuen können, die auch die kleinen Schätze sehen und sammeln, die aus allem, was ihnen begegnet, etwas ziehen und etwas gestalten.

»Glück bedeutet, Gelegenheiten beim Schopfe zu ergreifen« – diesen Satz habe ich irgendwo aufgeschnappt und mir gemerkt. Glück kommt nicht einfach über mich; ich kann etwas dafür tun. Dessen muss ich mir bewusst und dazu in der Lage sein. Vielleicht ist das Lebenskunst?

Sehen, gestalten und wirken

Lebenskunst hat nicht nur die heitere Seite. Wie in jedem künstlerischen Prozess geht es auch in der Lebenskunst darum, etwas zu formen, Wirkung zu erzielen, ohne das Ergebnis schon vorher zu kennen. Das Leben bietet viele Möglichkeiten, viele verschiedene Wege, die man gehen kann, viele Kreuzungen, an denen man sich entscheiden muss.

Aber das passt trotzdem: Lebenskunst als die Kunst, zu sehen, zu gestalten und zu wirken.

Lebenskunst braucht Übung und Erfolg, um auch stürmische Zeiten zu überdauern. Wohl dem, der Meisterschaft darin erlangt, das Eigene, Unverwechselbare, den Eigensinn im Leben zu finden und zu erhalten.

Meisterschaft in Lebenskunst – ein schöner Begriff. Und ein schönes Ziel.

Astrid Lindgren lesen...

Geht es nicht in der Arbeit mit Kindern genau darum? Sie darin zu stärken, auch und gerade unter widrigen Umständen nicht zu verzagen und den eigenen Weg unbeirrt zu suchen? Profis nennen das Resilienz.

Kinder sind Lebenskünstler par excellence, dem Augenblick und seinen unendlichen Möglichkeiten hingegeben. Sie zeigen uns, wie es geht. Sie zeigen uns auch, wie es nicht geht, was passiert, wenn der Fluss der schöpferischen Prozesse gestört wird. Sehen wir, was sie uns zeigen?

Die Bücher von Astrid Lindgren handeln von solchen starken, eigenwilligen, lebenskünstlerischen Kindern. Astrid Lindgren hat ihr Leben lang dafür geworben, Kinder so wahrzunehmen und in ihrer Lebenskunst zu unterstützen. Vielleicht hat sie mit ihren Geschichten mehr erreicht als alle Reformpädagogen und neuen pädagogischen Konzepte zusammen. Vor allem, weil sie die Kinder erreicht – auch die, die in Erwachsenen stecken und beim Lesen oder Vorlesen wieder zum Vorschein kommen.

... und Lebenskunst erlernen

Wie üben wir Lebenskunst? Welche Bedingungen begünstigen lebenskünstlerische Fähigkeiten bei uns und bei den Kindern? Dazu sollten wir uns mal eine Fortbildung gönnen. Denn: Was könnte es Schöneres geben als Lebenskunst zu entfalten? Was gibt es Wichtigeres zu lernen, als diese Kunst?

Mein Vorschlag: Setzen wir elementare Lebenskunst ganz oben auf unsere Agenda. Bildungseinrichtungen als Lebenskunstschulen. Pädagogen als Lebenskünstler. Bildung als Entwicklung von Lebenskunst. Ein schöner Traum?

netz-tipps

www.neue-akropolis.de
Ein 13teiliger Beitrag zum Thema »Abenteuer Lebenskunst« von Gudrun Gutdeutsch, Leiterin von Neue Akropolis e.V., aus der Zeitschrift »Abenteuer Philosophie«. Durchklicken über › Philoservice › Artikel › Abenteuer Lebenskunst.

www.kindergartenpaedagogik.de
Interessante Fachbeiträge zum Thema finden sich auch im Kindergartenpädagogik Online-Handbuch. Durchklicken über › Bildungsbereiche/Erziehungsbereiche › Persönlichkeitsbildung.

www.astrid-lindgren.de
Eine schöne Website mit allen Infos über Astrid Lindgren und die von ihr geschaffenen Figuren: Pippi Langstrumpf, Michel...

Leichtigkeit

Leicht wie eine Feder, leichtfüßig, beschwingt, leicht und locker, es sich leicht machen. Sich dem widmen, was leicht fällt, mit Lust und Laune, und sich daran erfreuen. Mit leichter Hand und leichtem Herzen.

Ist Leichtigkeit ein rundum positiv besetzter Begriff? Ein Schatzwort?

Na ja – nicht nur. Allzu nah steht Leichtigkeit dem Leichtsinn. Und Leichtsinn ist – ja, was? Leichtsinnig zu sein war und ist verdächtig. Leichte Mädchen? Bruder Leichtfuß? Leichtgewichte? Dünnbrettbohrer? Das kann doch nicht erstrebenswert sein...

Leichten Sinnes und...

Nehmen wir mal das Adjektiv »leichtsinnig«. Was erhält diesen Stempel? Meist ein Verhalten, das riskant ist: Leichtfertig etwas aufs Spiel setzen, sich und andere unnötig in Gefahr bringen, jugendlicher Leichtsinn, waghalsig, unüberlegt, unbekümmert, ohne an Konsequenzen zu denken, unverantwortlich, spontan, der Lust des Augenblicks folgend, mit leichtem Sinn eben.

Eltern haben in einer bestimmten Phase der Entwicklung ihrer Kinder zu Recht Angst vor Mutproben und anderen unbedachten Unternehmungen. Sie warnen. Meist mit wenig Erfolg.

Kinder und Jugendliche sind so sehr dem Hier und Jetzt verhaftet, dass sie »mit leichtem Sinn« tun, was ihnen im Moment gerade wichtig ist. Ohne Bedenken. Mit einer Tendenz zur Selbstüberschätzung und mit grenzenlosem Optimismus: Mir passiert schon nichts.

Zum Glück stimmt das meistens, aber leider nicht immer.

Andererseits: Das Leben ist nun mal lebensgefährlich, wusste schon Erich Kästner. Und meist passiert das, womit man nicht gerechnet hat. Also kann ein bisschen mehr »leichter Sinn« nicht schaden, und wir sehnen uns danach, wenn wir zu erwachsenen Bedenkenträgern »herangereift« sind. Wir suchen Situationen, in denen wir wieder »leichten Sinnes« werden, den Alltag mit seinen Sorgen und Nöten vergessen, wenigstens in den Ferien, beim Karneval oder ähnlichen Lustbarkeiten.

Nun will ich wahrlich nicht dem Leichtsinn das Wort reden, wohl aber dem »leichten Sinn«. Leichtigkeit ist für mich zum Schatzwort geworden, hat an Gewicht gewonnen (wenn man das so sagen kann). Das hat mit der Alexandertechnik zu tun, von der ich schon berichtet habe und die mir zeigt: Leichtigkeit als Gegenteil von Schwere, Erschwernis, es sich schwer machen, sich dahinschleppen, Mühsal ertragen, durchhalten... Leichtigkeit auch als Gegenteil von »mit aller Gewalt«, »um jeden Preis« und »koste es, was es wolle«...

... Ballast über Bord

Ein gutes Leben ist eins, das aus Mühe und Arbeit besteht, wurde uns früher weisgemacht. Schon in Poesiealben wurde vor Leichtlebigkeit gewarnt. Bloß nichts auf die leichte Schulter nehmen! Das Leben ist kein Honigschlecken und kein Wunschkonzert. Je eher du das kapierst, umso besser. Meine Güte!

Fehlt, wo Leichtigkeit herrscht, die Verantwortung? Geht Leichtigkeit nur ohne Sinn? Steht sie im Gegensatz zu Anstrengung? Aber ganz und gar nicht.

Leichtigkeit entsteht, wenn wir Bewegung und Gedanken fließen lassen, statt uns mit aller Kraft abzuzappeln, wenn wir nicht gegen Widerstände ankämpfen, sondern dort ansetzen, wo keine sind. Leichtigkeit entsteht, wenn wir Impulse wahrnehmen und mit ihnen arbeiten, statt gegen sie. Zum Beispiel mit der eigenen Gestaltungslust – und mit der unserer Kinder.

Vielleicht sollten wir unsere Blickrichtung ändern. Statt uns das Hirn zu zermartern, wie Kinder sein und werden müssen, um eventuell später mal gut leben zu können, sollten wir uns fragen, was ein erfülltes Leben überhaupt ausmacht. Da fangen wir am besten bei uns selber an. Und im Heute.

Kleine Hilfe: die »Zukunftsprobe«. Auf welche Erlebnisse und Erfahrungen möchte ich zurückschauen, wenn ich alt bin? Und worauf nicht? Was ist mir wirklich wichtig? Und was beschwert mich unnötig? Welchen Ballast will und kann ich abwerfen?

Damit ich später mit Freude auf mein Leben zurückblicken kann, muss ich heute entsprechend leben. Denn »Leben« ist immer jetzt. Das ist zwar banal, wird aber gern vergessen. Vor allem, wenn pädagogisch gedacht wird.

Sicher, das Leben hält genügend Überraschungen bereit, die nicht nur Freude auslösen. Daran können wir nichts ändern. Wohl aber an unserem Blick darauf.

Vielleicht kommen Leichtigkeit und in ihrem Gefolge noch andere »Gesellen« erst, wenn wir ihnen Raum in unserem Leben verschaffen. Machen wir uns auf die Suche nach der »selbst gewählten Drangsal«, um sie mit leichter Hand über Bord zu werfen. Fischen wir nach dem, was uns das Leben leichter macht. Uns und unseren Kindern.

Noch eine chinesische Weisheit auf den leichten Weg: »Dass die Vögel der Sorgen und des Kummers um unser Haupt fliegen, daran können wir nichts ändern. Aber dass sie Nester in unseren Haaren bauen, das können wir verhindern.«

Liebe

Ein großes Wort. Zu groß, um es in ein Päckchen zu packen, mit einer Schleife drum? Auf jeden Fall ein ähnlich malträtiertes und abgenutztes Wort wie »Freiheit« oder »Glück«. Ich wende es hin und her, weil es so oft im Zusammenhang mit Kindern fällt.

Die Kita als Liebesnest?

»Piep, piep, piep, wir haben uns alle lieb.« Eine zentrale Botschaft in der Kita. Heile Welt.

Werden Erzieherinnen gefragt, warum sie diesen Beruf ergriffen haben, dann sagen sie häufig: Weil ich Kinder liebe. Ihr Anspruch an sich selbst ist es, alle Kinder gleichermaßen lieb zu haben. Und wenn es um die Eingewöhnung geht, wird darauf gesetzt, dass eine enge, liebevolle Bindung entsteht, der zur Mutter vergleichbar.

Wird hier geprobt und gelernt, wie Liebe funktioniert? Gehört Liebe zu Bildung? Oder zu Erziehung? Liebe alle Kinder wie deine eigenen?

Oh Göttin! Das wird wohl kaum möglich sein. Und nötig ist es auch nicht. Denn in aller Regel werden Kinder von ihren Eltern geliebt. Wenn nicht, müssen wir uns sowieso ganz andere Gedanken machen, was wir tun und welche Erfahrungen wir einem vernachlässigten Kind ermöglichen können.[5]

5 Siehe: die Resilienzforschung

Die eigene Sippschaft

Wenn Sie eigene Kinder haben, dann kennen Sie das: Sie lieben diese Kinder, obwohl sie Sie manchmal auf die Palme treiben. Sie haben Angst, es könnte ihnen etwas zustoßen, und machen sich noch Sorgen, wenn sie längst erwachsen sind. Sie wollen immer nur das Beste für Ihre Kinder und wissen doch, dass Sie manchmal nicht das Richtige tun. Sie lieben – und geraten dennoch oder gerade deshalb manchmal an Ihre Grenzen.

Der Liebesanspruch besonders an Mütter ist schier grenzenlos. Darunter kann man schon mal zusammenbrechen. Nicht nur als Mutter, auch als Kind, wenn Liebe im Übermaß behütet und bedrängt.

Die Liebe zum eigenen Kind ist etwas Gewachsenes. Verbundenheit ist aus Nähe entstanden – nicht nur beim Kuscheln, sondern auch in Situationen, in denen Rollen geklärt werden mussten und die Fetzen flogen. Niemand kennt Ihr Kind so gut wie Sie. Und umgekehrt.

Dieses besondere Band zwischen Eltern und Kindern, zwischen Geschwistern und anderen nahen Menschen ist konkurrenzlos. Kinder, die sich zugehörig fühlen, die sich geliebt wissen, können gut und gern viele weitere Beziehungen aufbauen. Sie werden sich ein

Bild machen von den Menschen ihrer Umgebung, Freundschaften knüpfen und wieder lösen. Und wenn sie nicht genötigt werden, »piep«, alle lieb zu haben, können sie zunehmend differenzieren und sind zu eigenen Urteilen fähig. Denn: Was kann es Wichtigeres geben, als zu wissen, wen ich mag und wen nicht, wer mir gut tut und wer nicht?

Liebe – ein Bildungsziel?

Warum nicht. Wenn damit gemeint ist, unterscheiden zu können, sich abzugrenzen und auszuwählen.

Wie bei anderen Bildungszielen, sind die Erwachsenen in ihrem Verhalten und in ihren Botschaften ein wichtiger Teil der Bildungsumwelt und quasi als Personen ein pädagogisches Angebot. Wird solch ein Angebot mit grenzen- und unterschiedsloser Liebe wie mit der Gießkanne über alle ausgegossen, ist es weder glaubwürdig noch hilfreich.

Natürlich lieben Erzieherinnen nicht alle Kinder gleichermaßen. Kein Mensch ist dazu fähig. Sie haben Lieblingskinder und solche, die sie nicht so gut leiden können. Wenn es erlaubt ist, dies zu sagen, dann geben sie es erleichtert zu. Aber mit schlechtem Gewissen. Darf ich so fühlen?

Interessant ist es, darüber nachzudenken, wodurch solche Gefühle ausgelöst werden. Was macht ein Kind für mich liebenswert? Warum begegne ich einem anderen mit Abwehr? Und welche Konsequenzen folgen daraus, wenn es meine professionelle Aufgabe ist, alle Kinder zu... Ja, was denn? Zu lieben? Werden die pädagogischen Profis für Liebe bezahlt?

Eine Lebenshaltung, ein Berufsethos?

Eines meiner Lieblingsbücher aus den 1980er Jahren heißt »Leben Lieben Lernen«[6]. Untertitel: »Brücken bauen, nicht Barrieren«. Es versammelt Vorträge, in denen manche verschütteten Gedanken und Gefühle angesprochen werden. Dies weckt Erinnerungen an eigene Erlebnisse und regt dazu an, über das Verhältnis von Pädagogen zu ihren Schülern in anderer Weise nachzudenken als üblich.

Etliche Geschichten – wie die mittlerweile sehr bekannte von der Tierschule – legen den Finger aufs »Schlimme«: auf Bewertung und Aussonderung, Bevormundung und Verplanung, Macht und Ohnmacht, auf die traditionellen Belehrungsstrukturen. Immer geht es darum, einen liebevolleren Blick auf das Leben in seiner Vielfalt zu werfen, Alternativen zu üben und sich am Heute zu erfreuen.

Warum erzähle ich das? Weil der Begriff Liebe in diesem Zusammenhang eine große Rolle spielt. Aber nicht als besondere Zuneigung zwischen Einzelpersonen, sondern als Lebenshaltung und Berufsethos. Nicht in der christlichen Fassung, sondern als Grundorientierung in einem Lehrer-Schüler-Verhältnis. Gekennzeichnet ist diese Art von Liebe durch Achtung, Aufmerksamkeit und Anerkennung. Und zwar im Bewusstsein, dass es sich um ein Abhängigkeitsverhältnis handelt. Es liegt in der Macht des Pädagogen, was dominiert und – was bleibt.

Liebe in Zeiten der Bildungspläne

Mehr als alles andere zählt heute, was Kinder können und wie sie einmal werden sollen. Kinder sind unsere Zukunft, heißt es. Und was ist mit der Gegenwart?

Liebe ist eine gegenwärtige Erfahrung, die Wirkungen in der Zukunft entfaltet. Glücklich die Kinder, denen ihre Eltern nicht heute etwas aufzwingen, von dem sie denken, dass es in der Zukunft wichtig sei. Glücklich die Kinder, deren Erzieherinnen dafür streiten, Kindern das zu gönnen, was sie heute mit Lust und Liebe betreiben.

Liebevolle Erzieherinnen,
- die unabhängig davon, wie lieb ihnen einzelne Kinder sind, jedem Kind mit Achtung, Aufmerksamkeit und Anerkennung begegnen;
- die differenzieren und sich zurücknehmen;
- bei denen sich die Liebe zum Beruf in Lebensfreude und Liebe zum Detail niederschlägt, niemals aber im Versuch, alle zu lieben und von allen geliebt zu werden;
- die Kindern zugestehen können, dass sie selbst entscheiden, wen sie lieb haben und wen nicht;

können wir nicht genug haben.

Was ist nun mit dem Begriff »Liebe«? Verschenken? Zurücknehmen? Nein, denn wieder holen ist gestohlen.

6 Buscaglia, L.: Leben, Lieben Lernen. Goldmann 1984

Resonanz

Resonanz ist mein derzeitiges Lieblingswort. Wie das schon klingt! Re – so – nanz. Da hört man direkt die Schwingungen und Klangbilder, die darin versteckt sind. Fast wie bei Do – Re – Mi – Fa – So – La – Ti – Do.

Das Fremdwörterlexikon dagegen erklärt nüchtern: Resonanz ist ein durch Schallwellen gleicher Schwingungszahl angeregtes Mitschwingen. Ah ja, Bildungsbereiche Musik und Physik also.

Aber auch: Widerhall, Anklang, Verständnis, Wirkung – aus dem Bildungsbereich Soziales.
So viel zum Wortsinn.

Und wo steckt der Schatz im Wort? Was macht Resonanz zu einem Wortschatz?

Da muss ich wohl etwas graben. Und wie immer fange ich bei meinen Erinnerungen und Assoziationen an.

Wie Resonanz funktioniert

Ursprünglich begegnete mir Resonanz nur in der musikalischen Bedeutung des Wortes. Als Resonanzboden von Instrumenten, auch stimmlichen. Dass Opernsängerinnen und -sänger überwiegend gewaltige Brustumfänge aufwiesen und voluminöse Körper auf die Bühne wuchteten, erschütterte zwar die Glaubwürdigkeit mancher Figuren (und in der Bremer Oper seinerzeit auch die Kulissen), wurde mir aber damit erklärt, dass Körperfülle als Resonanzboden nötig sei. Körperfülle gleich Klangfülle? Dünne Sängerin gleich dünnes Stimmchen? Anna Netrebko zumindest widerlegt diesen Schluss.

Immerhin konnte ich den Zusammenhang zwischen Resonanzboden und Klang an anderer Stelle überzeugend, wenn auch eher unangenehm, erleben.
Die Rahmenhandlung:

Meine Mutter musste immer früh aus dem Haus, konnte mich also nicht wecken. Ich hatte die Neigung, den Wecker zu ignorieren – meine Form, die Schule zu ignorieren. Mit fatalen Folgen, wie sich denken lässt. Mutter aber – in Kenntnis der Bedeutung von Resonanzen – baute ein Weckmaschinchen, dessen Ton ich mich nicht entziehen konnte: Der Wecker, klassisch mit zwei Glocken obendrauf, wurde auf einen Porzellanteller gestellt, daneben ein großer Löffel und das Ganze dann aufs Klavier. Das wiederum stand in meinem Zimmer, aber weit genug vom Bett entfernt, so dass ich raus musste, um den Krach zu stoppen.

Und Krach war reichlich! Der Wecker schepperte, schrillte und wackelte, der Löffel knallte gegen Wecker und Teller, alles zusammen dröhnte, mehrfach verstärkt über das Klavier, in meine Träume und beendete sie unsanft. Die Schule wurde mir dadurch nicht lieber, aber immerhin kapierte ich nachhaltig, wie Resonanz funktioniert.

Resonanzerfahrungen

Resonanz als Bezeichnung für eine hohe Qualität menschlicher Beziehungen lernte ich erst später kennen, wie die Begriffe »Rückmeldung« oder »Reflexion«. Je mehr ich darüber nachdenke, um so eher kommt es mir vor, als ob nicht nur das Wort in dieser Bedeutung, sondern auch die Sache selbst in meiner Kindheit und Jugend nicht zu den allgemein üblichen Erfahrungsschätzen gehörte.

Beziehungen lebten in fest gefügten Formen und vorgegebenen sozialen Rollen. Kommunikation hatte die Gestalt von Geschichten oder erschöpfte sich im Austausch von Banalitäten. Es gab Verhaltensvorgaben, je nach Folgsamkeit Lob oder Tadel und Anerkennung vorwiegend für besondere Leistungen.

Kritik wurde eher vermieden, schließlich sollte die Harmonie möglichst nicht gestört werden.

Was nicht wirklich von Erfolg gekrönt war und letztlich zum großen Krach führte. Da kam alles auf den Tisch, was sonst unter den Teppich gekehrt wurde.

Trotzdem gab es Resonanzerlebnisse – selbst wenn das Wort nicht benutzt wurde.

Ein Beispiel: Geschichten erzählen. Damit war die

Erfahrung verbunden, Anklang zu finden, und das Erleben von Wirkung und Widerhall. Die Erinnerung an das »Mitschwingen« in gemeinsam gesponnenen Dönekes löst noch heute ein warmes Gefühl aus.

Noch ein Beispiel: Musizieren. Das spontane Einsteigen ins Singen, einer nach dem anderen, die improvisierten zweiten und dritten Stimmen, die Begleitung durch Kamm und Mundharmonika – wunderbare Gemeinschaftserlebnisse und zugleich die Wahrnehmung: Ich bin Teil eines Ganzen, aber ich bringe etwas Eigenes ein, denn ich kann das.

Na also. Da sind doch ein paar schöne Resonanzerfahrungen.

Wie Resonanz wirkt

Seitdem hat der Begriff immer neue und ganz andere Tiefen für mich gewonnen. »Nur Resonanz beflügelt, sie ist die stärkste Quelle der Produktivität« heißt es in Reinhard Kahls Film »Spitze – Schulen am Wendekreis der Pädagogik«.

In der Tat: Was beflügelt mehr als das Gefühl, mit dem, was man tut, Anklang und Anerkennung zu finden? Was ist beglückender als das Erlebnis, mit den eigenen Gedanken und Fantasien Widerhall zu finden? Was ist wohltuender, als verstanden und gespiegelt zu werden? Was macht mehr Spaß und setzt mehr

Kreativität frei, als gemeinsam an Ideen zu spinnen? Wir alle laufen dann zu Höchstform auf, es verbinden sich Lust und Leistung.

Erinnern Sie sich an solche Situationen und Begegnungen?

Die stärkste Wirkung erzielt Resonanz wohl in den Bildungsorten und Lebensbereichen Kindertagesstätte und Schule. Dort, wo kleine Menschen großen Menschen begegnen und das Geheimnis von Wohlbefinden und Erfolg in der Qualität dieser Begegnung liegt.

Wir wissen es aus eigenen Erfahrungen und kennen es als Ergebnis von Untersuchungen: Selbstvertrauen ist die wichtigste Grundlage für Gelingen, entscheidender als die tatsächlichen Fähigkeiten. Daher ist die wichtigste persönliche Kompetenz von Pädagogen, Vertrauen in die Kraft und Entwicklungsfähigkeit der Kinder und Jugendlichen zu begründen.

Ist die Fähigkeit zur Resonanz ein Element dieser Kompetenz?

Resonanzen gesucht

Aber was ist das genau – Resonanz im Miteinander? Es ist sicher mehr als die bloße Rückmeldung, wohl auch mehr als Anerkennung. Resonanz ist mehr als Zuhören und Interesse zeigen, mehr als Mitdenken oder Mitspielen. Und doch ist all dies enthalten.

Nehmen wir noch einmal die Definitionen im Lexikon: ... ein durch Schallwellen gleicher Schwingungszahl angeregtes Mitschwingen. Widerhall, Anklang, Verständnis, Wirkung. Schallwellen gleicher Schwingungszahl – das kann ich mir wunderbar vorstellen: Verschiedene Menschen schwingen gemeinsam in gleichen Wellen und im gleichen Takt.

Doch Mitschwingen, Zusammenschwingen funktioniert nur, wenn wir aufeinander reagieren, uns auch ohne Worte verständigen, aufeinander achten. Wenn wir uns einlassen und gemeinsam einstimmen, uns wechselseitig klingen lassen und den Klang der anderen hören.

Zwar entsteht Resonanz auch aus dem Zusammenspiel von Wecker, Löffel, Teller und Klavier. Doch wohlklingende Resonanz braucht die Einigung darauf, was Wohlklang ist.

Es würde mir gut gefallen, wenn wir die Blickrichtung der gegenwärtigen Bildungsansprüche weniger darauf richten, wie Kinder sein und werden sollen oder wie Pädagogen zu funktionieren haben. Wenn wir stattdessen Resonanzen in den Blick nehmen würden?

Die Resonanzen, die Kinder einander geben, wenn sie in ihr Spiel eintauchen, sich Rollen zuweisen und übernehmen, wenn sie sich über ihr Weltverständnis und ihre Hypothesen verständigen und, und, und...

Die Resonanzen im Zusammenspiel der Kolleginnen: Wo gelingt es fast unmerklich, zusammen zu schwingen? Wo ergibt ein Wort das andere? Wo regt ein Gedanke den nächsten an?

Und natürlich die Resonanzen zwischen Kindern und Erwachsenen: Wo zeigen sie sich im Alltag, beim Hinhören und Mitdenken, beim Mitspielen und gemeinsamen Handeln?

Wie wäre es, wenn wir die Resonanzbedingungen als Beobachtungsvorhaben in den Blick nehmen und uns fragen: Unter welchen Bedingungen kann Resonanz gedeihen? Welcher Resonanzboden schafft Fülle und Wohlklang? Welche Resonanzen tun gut? Wie kann man Resonanzen verstärken? Und: Wie kann man Resonanz üben? Wäre das nicht lohnend?

Übrigens: Was passiert eigentlich beim Verlieben? Das ist doch ganz offensichtlich ein Fall von heftiger Resonanz. Jede Menge Schallwellen gleicher Schwingungszahl sind unterwegs und lösen im eigenen Resonanzboden reichlich Wirkung aus, lassen Schmetterlinge fliegen.

Verliebt sein – der stärkste Ausdruck von Resonanz? Das ließe sich übertragen ...

Zeit

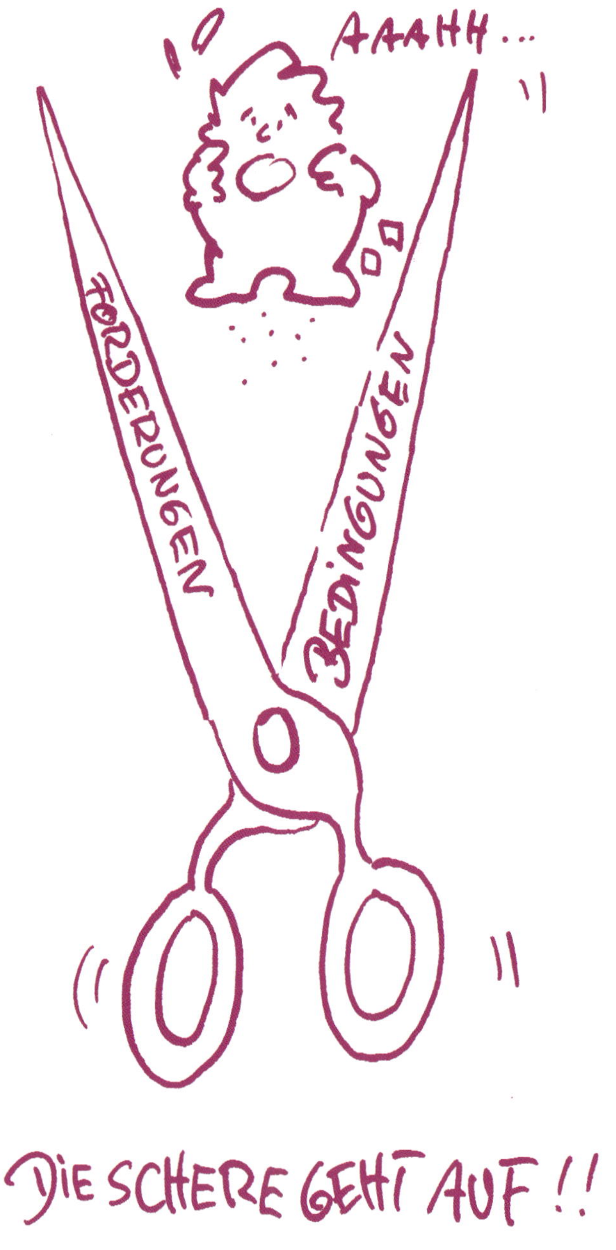

Es ist mir ein Bedürfnis, »Zeit« zu verschenken. Und das kommt so: Gerade habe ich zwei atemlose Teamtage hinter mir. Nichts Ungewöhnliches.

So geht es in letzter Zeit häufiger: Nicht nur, dass mir überall das Gleiche begegnet, egal, wohin ich komme, ob in die Gegend von Hamburg oder Hannover, in den Süden der Republik oder in einen Berliner Bezirk. Überall das gleiche Bild: Druck, Druck, Druck, das Gefühl von Überforderung und Anspannung, von wachsenden Anforderungen und immer weniger Chancen, sie zu erfüllen. Es fehlt an Muße, an Zeit zum Nachdenken im doppelten Sinne des Wortes: Zurückschauen auf eigene Erfahrungen und neuen Impulsen gedanklich folgen.

Und: Verwirrung herrscht vor, was denn nun eigentlich 2010 als »richtig« gilt. Viele Entwicklungen werden als übergestülpt erlebt, als unausgegoren und widersprüchlich. Aber die Zeit, eine eigene Position zu entwickeln und professionelle Sicherheit zu gewinnen, ist äußerst knapp. Schnell, schnell, Termine, Termine, Konzeption bis..., Evaluation bis..., Beobachtungen bis... Keine guten Bedingungen, um mit Kindern zu arbeiten.

Damals war's...

Erinnert sich noch jemand an die gute alte Zeit, als wir mindestens drei, meistens fünf Tage mit dem Team zur Verfügung hatten – wohlgemerkt: ein Mal im Jahr –, um am gemeinsamen roten Faden zu spinnen, Bilanz zu ziehen, Erfolge zu feiern und nächste Etappenziele anzupeilen? Erinnert sich noch jemand an Langzeitfortbildungen, in denen man sich grundsätzlicher in Themen vertiefen konnte? Erinnert sich noch jemand daran, dass es ausreichend Zeit gab, um sich mit Lebens- und Berufsthemen auseinanderzusetzen, sich Gedanken zu machen über Ängste und Visionen? Erinnert sich noch jemand an Zukunftswerkstätten und Teamseminare zum Thema »Zeit«? Erinnert sich noch jemand an die Vielfalt von Möglichkeiten, sich einem Thema zu nähern? An die Entspannungsphasen, an gemeinsames Filmeschauen und Diskutieren, an die Zeiten für ausführlichen Austausch in Abteilungen und quer im Haus? Erinnert sich noch jemand an gründliche Auswertungen und Rückmeldungen?

In ein oder zwei Seminartagen ist dafür nicht mehr viel drin.

Außer Puste

Ich gestehe: Auch mir geht langsam die Luft aus. Und die Lust. Wie den Erzieherinnen.

Lange hat mein Optimismus getragen. Lange habe ich versucht, mit weniger Zeit genauso viel Wirkung zu erzielen wie vorher. Zeit ist ja sowieso nie genug da – das wissen wir. Also geht es darum, die gegebene Zeit gut zu nutzen, Prioritäten zu setzen, sich zu beschränken. Manchmal ist weniger mehr. Mut zur Lücke.

Immer wieder habe ich nach Wegen gesucht, um trotz der knappen Zeit verschiedene Zugänge zu einem Thema zu finden, habe meine Fantasie eingesetzt, um neue und passende Methoden zu entwickeln. Immer hatte ich den Ehrgeiz, die Herausforderung anzunehmen, nicht zu hadern, sondern Chancen zu sehen und zu suchen.

Doch hin und wieder kommen mir Zweifel. Kann ich auffangen, was der Trend der Zeit vorgibt? Aus fünf Tagen mach drei, aus drei Tagen mach zwei oder eineinhalb, und wenn möglich, halte einen Vortrag. Kosten sparen, effektivieren, rationalisieren, fordern, messen, kontrollieren. Los, los! Zeit ist Geld. Fragt sich bloß, für wen...

Kreativität? Wer braucht denn so was? Halten wir uns nicht mit diesem Schnickschnack auf. Jetzt werden Bildungsbereiche trainiert. Da taucht Kreativität fest verplant auf, soweit sie in Bildungsbereichen untergebracht wurde.

Fantasie? Das bringt doch nichts. Wissen ist gefragt. In jeder Quizshow.

Innere Bilder? Was ist das denn? Unnötiges Zeug. Weg damit.

Bildungsbiografien? Brauchen wir nur für Kinder. Die der Erwachsenen interessieren nicht. Oder nur in Ausnahmefällen. Dabei sind gerade die Pädagogenbildungsbiografien so entscheidend. Hilfe! Gehetzt. Atemlos. Pausenlos.

»Sind Sie pausenlos fit?« steht auf großen Plakaten an der Autobahn.

Ich nicht. So wenig, wie ich pausenlos hinterher rennen will – fit oder nicht fit.

Also doch anpassen? Zeit sparen und zur Instruktionspädagogik übergehen? Belehrung statt selber denken macht schlau? Nein, danke. Das funktioniert bei Erwachsenen so wenig wie bei Kindern. Und ist vollkommen unsinnig, wenn ich allmähliches Umdenken im Bildungs- und Rollenverständnis begünstigen will. Inhalt und Form müssen einander entsprechen, das ist ein alter Hut.

Was uns die Kinder zeigen

Zeit ohne Hetze und Ergebniszwang ist zu einem Luxusgut geworden. Nicht nur für Erwachsene, auch für Kinder. Welche Chance gibt es, zu verschenken, was man nicht hat?

Oder haben wir doch und verschenken an den falschen Stellen? Nachdenken und sortieren ist immer gut.

Was wissen wir über Bildungsprozesse von Kindern?

Kinder zeigen uns, was für sie wichtig ist, was sie gerade brauchen, um zu wachsen. Sie zeigen uns mit ihrer Lust und ihrem Tun, welche »Hirnfenster« gerade geöffnet sind. Das bestätigen uns die Hirnforscher.

Wenn Kinder selbstvergessen in ihre Welten eintauchen, dann vergessen sie auch die Zeit.

Zum Glück für sie. Und gut für uns, wenn wir das respektieren und uns daran freuen können. Vielleicht lassen wir uns sogar davon anstecken und vergessen auch mal kurz die Zeit?

Was zeigen uns die Kinder noch? Ganz oft brauchen sie uns nicht. Wir stören sie eher bei dem, was sie tun und worin sie sich vertiefen. Kinder brauchen unverplante Zeit zur freien Verfügung, um allein oder miteinander ihren Spielideen, Fragen und Fantasien zu folgen. Wir müssen weder alles wissen noch alles kommentieren.

Doch ebenso oft brauchen sie uns: für Gespräche über das, was sie gerade bewegt, zum Kuscheln und Trösten, damit wir ihnen vorlesen, mit ihnen Geschichten spinnen, ihren Erfolgen zuschauen, ihren Mut bewundern und sie anspornen, mit ihnen spielen und die Rollen einnehmen, die sie uns zuweisen. Sie brauchen uns zur Auseinandersetzung mit Grundfragen des Lebens, für Impulse und Anregungen, die wir ihnen geben, wenn wir sie an unseren Leidenschaften teilhaben lassen.

Zeit für Kinder

Haben wir die noch? Nehmen wir sie uns? Planen wir Zeit für Kinder ein?

Nach meiner Erfahrung viel zu selten. Geplant und nachgewiesen werden pädagogische Angebote oder Aktivitäten der Erwachsenen. Das ist, was zählt.

Mein Vorschlag: Planen Sie unverplante Zeit ein, sonst ist sie nicht da. Schaffen Sie einen »ruhenden Pol« im Haus oder in der Abteilung, einen Ort – ein Sofa oder Sessel –, an dem immer eine erwachsene Person sitzt, die Zeit hat, die für die Kinder und ihre Belange da ist. Garantiert. Zuverlässig. Sicher.

Wer da sitzt, ist nicht faul und verdient die spitze Bemerkung »So gut möchte ich es auch mal haben…« nicht. Wer da sitzt, bietet Kindern das, was ihnen oft am meisten fehlt: dass sich jemand Zeit für sie nimmt und im wahrsten Sinne des Wortes da ist, ganz und gar.

Zeit als Schlüsselthema

Warum machen Sie das Thema »Zeit« nicht einmal zum Hausthema? Setzen Sie sich ein Jahr lang mit »Zeit« auseinander: Was bedeutet Zeit für Kinder, was für Erwachsene? Lebenszeit, Arbeitszeit, Erwachsenenzeit, Kinderzeit, Vergeudung von Zeit, Glückszeit, Vergangenheit, Gegenwart, Zukunft, Träume, Ängste, Raum und Zeit…

Was für ein wunderbares Projektthema! Philosophisch und praktisch: Was ist wichtig im Leben? Das Leben ist kurz. Je älter man wird, desto deutlicher tritt das zutage.

Noch mal die Zukunftsprobe: Worauf will ich zurückblicken, wenn ich einmal alt bin? Was lohnt den Einsatz von Zeit? Was ist letztlich vergeudete Zeit?

Was bedeutet »Zeit« eigentlich für Kinder? Sie leben immer im Hier und Jetzt. Wir Erwachsene zerstören ihnen das mit unserer ständigen »Vorbereitung« auf irgendwas, das wir vermuten und befürchten. Also üben wir schon mal das »vorhersehbare« Elend, bis es womöglich zu einer sich selbst erfüllenden Prophezeiung wird. Wie furchtbar!

Zugleich sagen wir: Das Glück der Kinder liegt uns am Herzen. Wir wollen nur das Beste für sie. Natürlich. Doch was ist »das Beste«? Glück ist heute. Was die Zukunft bringt, weiß niemand. Heute können wir Glückszeit verschenken. Was kann wichtiger sein, um es in den Erfahrungsrucksack fürs Leben zu packen?

Zauberformeln

Der Luxus der Zeit für Kinder scheint mir noch am wenigsten zu kosten.

Wenn er in dieser doppelten Weise gedacht wird: ungestörte, unverplante Zeit der Kinder (ohne Erwachsene) und ungestörte, unverplante Zeit der Erwachsenen.

Die Zauberformel heißt: Je mehr Kinder Bedingungen dafür vorfinden, sich in ihr Spiel und ihre Vorhaben zu vertiefen, umso entspannter können sich die Erwachsenen den Kindern zuwenden, die sie besonders brauchen oder anfordern. Beide Seiten gewinnen Entspannung und Selbstbestimmung.

Eine solche Arbeitsweise erfordert unbedingt, die Räume innen und außen so zu gestalten, dass sie Anregungen und Herausforderungen ebenso bieten wie die Möglichkeit, verschiedenen Aktivitäten und Bedürfnissen zur gleichen Zeit nachzukommen. Das wiederum können Erzieherinnen am besten realisieren, wenn sie die Kinder als Experten einbeziehen – nicht nur in abstrakte Planung, sondern vor allem in wirkliches Tun.

Statt dem Aufschrei »Wann sollen wir das denn machen?« und dem Einsatz am Wochenende sind solche Veränderungen ein Fall für die Arbeitszeit »am Kind«. Umräumen und ausprobieren, malern und tapezieren, hämmern und sägen – das ermöglicht und erfordert echte Beteiligung und gemeinsames Tun. Ganz abgesehen von den Kompetenzen, die dabei entfaltet werden. Für alle Ignoranten, die das nicht als Bildungsarbeit sehen, können die Schlüsselkompetenzen und Bildungsbereiche ja zusammengetragen, in Großbuchstaben aufgeschrieben und ausgehängt werden.

All das funktioniert jedoch nur, wenn Pädagoginnen und Pädagogen ihre professionelle Rolle neu definieren und selbstbewusst ausfüllen können: Weg von der Angebotspädagogik und Verplanung, weg vom Beobachtungswahn und Rechtfertigungsdruck! Hin zu offenen Prozessen, dem Anerkennen- und Verstehenwollen der kindlichen (und der eigenen) Bildungsprozesse! Eine Kompetenz, die unter Bedingungen der Beschleunigung besonders schwer wachsen kann.

Die Zeit der Erwachsenen

Gibt es auch dafür Ideen? Wo können wir sinnlos verplemperte Zeit einsparen, um sie an anderer Stelle sinnvoll zu nutzen – zum Beispiel für inhaltliche Auseinandersetzungen im Team?

Dienstbesprechungen? Voll gepackt mit Tagesordnungspunkten... Okay, daran kann man was ändern: mal thematische Besprechungen, mal organisatorische. Oder gleich Delegiertensysteme für die Organisation des Alltags, für Informationen und alles, was anfällt.

Außerdem: Themen nach Bedeutung hierarchisieren und bearbeiten, sinnvoll strukturieren und vorbereiten.

Vielleicht wäre »Zeit« ein gutes Startthema. Die Suche nach den Zeitfressern und Zeitdieben, nach vergeudeter Zeit. Oder die »Zeitkasse«[7] einführen. Dabei wird das Thema »Zeit« im Zusammenhang mit Zielen und Arbeitsweisen diskutiert.

Die Zusammenarbeit mit Eltern? Schwierig, schwierig... Es könnte Zeit gespart und Konfliktpotenzial ausgespart werden, wenn die ständigen Rechtfertigungen gegenüber Eltern zugunsten offensiver konzeptioneller Botschaften reduziert würden. Wofür stehen wir? Was leitet uns? Welche Überzeugungen liegen unserer Arbeit zugrunde? Doch genau das setzt wiederum Klärungsprozesse im Team voraus und – Zeit dafür.

Teamseminare? Siehe oben... Was soll in zwei Tagen möglich sein? Natürlich sind zwei Tage besser als nichts. Doch am »Nichts« würde ich Qualitäts- und Kompetenzentwicklung ungern messen.

Zeit für Absprachen? Tägliche Treffen der Kolleginnen, wie früher üblich, sind organisatorisch kaum möglich, wenn überwiegend Halbtagskräfte eingesetzt werden, was zunehmend der Fall ist. Abgesehen davon, dass mehr und mehr Erzieherinnen von ihrem Gehalt nicht mehr leben können, führt dies zu Engpässen und der Anhäufung von Überstunden.

Langer Rede kurzer Sinn: Wenn wir nicht endlich kapieren, welche Bedeutung ausreichende, frei verfügbare Zeit für Bildungsprozesse hat, sehe ich schwarz für das, was offiziell angestrebt wird: die Ausschöpfung der individuellen Ressourcen und damit die Sicherung gesellschaftlicher Entwicklung. Wenn wir so weitermachen und stetig den Druck erhöhen, werden wir kaum dazu beitragen, dass Kinder und Erwachsene ihre Potenziale entfalten.

Zeit ist das, was uns allen ständig durch die Finger rinnt. Festhalten können wir sie nicht.
Aber sinnvoll nutzen. Und darüber nachdenken, welcher Sinn worin liegt.

Zeit verschenken

Ich wünsche mir, dass wir uns entschieden dafür einsetzen, Kindern Zeit zu schenken, und die Forderung stellen, dass uns Erwachsenen Zeit gegeben wird. Zeit für das, was wichtig ist und was uns wachsen lässt.[8]

Was mich betrifft: Ich habe beschlossen, ein- oder zweitägige Fortbildungen nur noch dann zu übernehmen, wenn ich das Team kenne und an einen gemeinsamen Prozess anknüpfen kann. Oder wenn mit einer kurzen Veranstaltung in einen kontinuierlichen Prozess über einen längeren Zeitraum gestartet werden soll. Sonst wird der Frust zu groß. Und dafür ist mir meine kostbare Lebenszeit zu schade.

7 Lill, G.: Die Zeitkasse. Betrifft KINDER, Heft 6/04, S. 35
8 Siehe dazu: die aktuelle Kampagne der GEW »So viel Zeit muss sein – 5 Stunden mehr Qualität in meiner Kita«

Begriffe verschenken – ein neues Spiel, die Fortsetzung von »Begriffe versenken«

Nachdem 2007 die komplette Sammlung der von Gerlinde Lill versenkten Begriffe als Buch erschien, kamen sie vielen pädagogischen Profis nicht mehr über die Lippen: »Elternteile«, die in »Räumlichkeiten« über den Sinn von »Beschäftigung« und »Freispiel« im Hinblick auf die »Schulfähigkeit« der »Lernanfänger« »belehrt« werden? Unmöglich.

Doch was sagen wir stattdessen? Da war sie, die neue Idee: »Begriffe verschenken«. Sie passt ausgezeichnet zur sich wendenden Blickrichtung. Die Defizitbrille versenken und auf die Suche nach Schatzwörtern gehen statt auf die Jagd nach überholten Begriffen.

Welche Sprache, welche Wörter drücken das veränderte Verständnis vom Leben und Erleben mit Kindern aus? Was passt zu Lebensfreude und zum mutigen Blick in die Zukunft?

Zum Beispiel folgende Wörter...

Anfangszauber
Abenteuer
Begeisterung
Einklang
Freiheit
Freudestaunen
Freuräume
Gelassenheit
Glück
Imagination
Improvisation
Lebenskunst
Leichtigkeit
Liebe
Resonanz
Zeit

In diesem Heft und mit einem Begleitbrief von Gerlinde Lill versehen, warten sie auf neugierige Leserinnen und Leser, die Lust auf Leichtigkeit, Gelassenheit und Liebe haben.

9 783868 920062

www.verlagdasnetz.de

Bitte richten Sie Ihre Wünsche, Kritiken und Fragen an:
verlag das netz
Redaktion Betrifft KINDER
Kreuzstr. 4
13187 Berlin
Telefon: +49 30.48 09 65 36
Telefax: +49 30.48 15 686
E-Mail: evagrueber@verlagdasnetz.de

ISBN 978-3-86892-006-2

Lektorat: Erika Berthold
Gestaltung: Jens Klennert, Tania Miguez
Zeichnungen: Tasche
Druck und Bindung: Colordruck, Zwickau
Printed in Germany

Weitere Informationen finden Sie unter www.verlagdasnetz.de

Gerlinde Lill

Begriffe verschenken

verlag das netz

Betrifft KINDER extra